책이 예쁘다고 너무 곱게 다루진 마세요.
마르고 닳도록 써 보고 말해 보세요.

영어연산 훈련

SENTENCE BUILDING

영어연산훈련 5

저자 박광희·캐나다 교사 영낭훈 연구팀 지음
초판 1쇄 인쇄 2015년 6월 17일 **초판 1쇄 발행** 2015년 6월 24일

발행인 박효상 **총괄 이사** 이종선 **편집장** 김현 **기획·편집** 박혜민 **디자인책임** 손정수
디자인·조판 the PAGE 박성미 **삽화** 이소라
마케팅 이태호, 이전희 **디지털콘텐츠** 이지호 **관리** 김태옥

종이 월드페이퍼 **인쇄·제본** 현문자현

출판등록 제10-1835호 **발행처** 사람in **주소** 121-839 서울시 마포구 양화로 11길 14-10 4F
전화 02) 338-3555(代) **팩스** 02) 338-3545 **E-mail** saramin@netsgo.com
Homepage www.saramin.com

책값은 뒤표지에 있습니다.
파본은 바꾸어 드립니다.

ⓒ 박광희 2015

ISBN
978-89-6049-552-4 14740
978-89-6049-451-0 (set)

사람이 중심이 되는 세상, 세상과 소통하는 책 사람in

영어연산 훈련

SENTENCE BUILDING

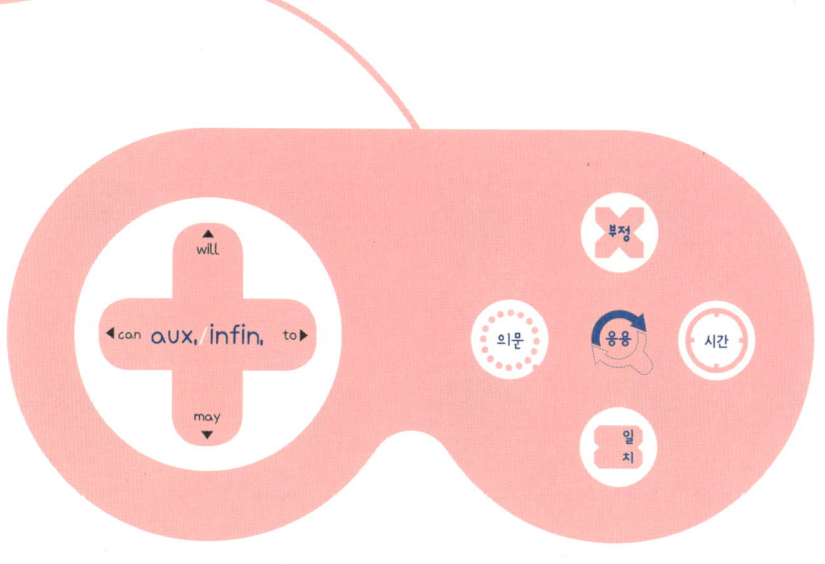

5. 조-부-동-태 완전 정복

영어에도
5칙 연산 훈련이
필요하다!

수학에는 연산 훈련이 있다!

왜 미국과 캐나다 사람들은 간단한 암산을 할 때도 계산기를 쓸까요? 머리가 나빠서 계산기 없이는 셈을 못하는 것일까요? 그 이유는 바로, 북미에서는 수학 연산 훈련을 가르치지 않기 때문입니다. 결코 거기 사람들이 머리가 나쁘거나 계산 능력이 떨어져서가 아니에요. 그래서 우리는 암산 능력을 키워 주신 선생님과 부모님께 감사해야 해요. 꾸준히 수학 연산 훈련을 시켜 주신 덕분에 북미 사람들보다 더 빠르고 정확하게 계산할 줄 알게 된 것이니까요.

영어에도 연산 훈련이 필요하다!

수학은 빠르게 암산을 할 수 있도록 꾸준히 연산 훈련을 해왔어요. 하지만 영어는 문법과 단어를 외워서 문제만 풀었지 암산처럼 입에서 자동으로 나오게 하는 훈련을 안 했어요. 문법이 머리에서 맴돌고 금방 입으로 나오지 않는 건 능력이 없어서가 아니라 훈련이 부족했기 때문이에요.

이것은 실험으로도 증명돼요. 'Bobrow & Bower'는 한 집단에게는 이미 만들어진 문장을 외우게 했고, 다른 한 집단에게는 주어와 목적어를 주고 문장을 스스로 만들도록 했어요. 그 결과 주어진 문장을 암기한 집단은 29%가 문장을 다시 생각해 낸 반면, 주어와 목적어를 가지고 직접 문장을 만든 집단은 58%가 다시 그 문장을 기억해 냈어요. 외운 것은 금방 까먹지만 스스로 만든 것은 훨씬 기억에 오래 남는다는 거지요.

영어 5칙 연산

캐나다에 7년째 살면서도 영어를 두려워하던 제 아내 이야기를 해볼게요. 한국에서 영어를 공부한 누구나가 그러하듯 아내 역시 영어가 머리에 둥둥 떠다니고 입으로 나오는 데는 한참이 걸렸어요. 말하는 사람도 답답하고 듣는 사람도 지치고……. 자신감도 점점 잃었지요. 그래서 저는 문법의 문장 적용 능력을 키우기 위한 다섯 가지 규칙을 생각해 냈어요.

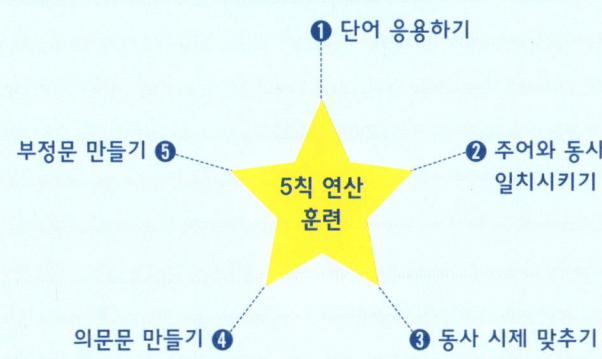

수학의 기본 요소인 × ÷ + - 사칙을 이용한 연산 훈련처럼 영어 문법의 기본 요소인 다섯 가지 규칙을 찾아낸 거죠. 이 다섯 가지 규칙을 활용해 꾸준히 영어 연산 훈련을 하면 암산하는 것처럼 빠르게 문장으로 말할 수 있어요. 그렇게 문장을 만들 줄 안다면 언제든 그 문장은 입으로 '툭'하고 나올 거예요.

누구에게나 효과 만점인 '영어 연산'

어학원을 운영하면서 저는 '영어 연산 훈련'의 효과를 더욱 믿게 되었어요. 제가 영어를 사용할 기회가 없는 한국인들에게 권하는 게 낭독과 암송이에요. 영어 문장을 내 몸에 체화시켜 스피킹이 폭발적으로 터지게 하는 학습법이지요. 영어를 사용할 기회가 없는 한국적 상황에 참 좋은 방법이에요.

그런데 기초가 없는 학생들에게는 이게 쉽지 않았어요. 문장을 통해 자연스럽게 어순을 익혀 응용하기까지 생각보다 많은 시간이 걸리는 것이었어요. 그래서 저는 앞서 말한 다섯 가지 규칙으로 조금씩 문법 훈련을 시켜 보았고 결과는 성공! 낭독과 암송을 문법이 받쳐 주니 말문이 터지기 시작하더라고요.

영어 연산 = 문법 다이어트

사람들은 문법을 획일적인 것으로 보는 경향이 있어요. 사실 '독해를 위한 문법'과 '말하기·쓰기를 위한 문법'은 학습 방법이 달라야 한다고 생각해요. 독해란 글로 쓰인 문장들을 해석하는 것이고 말하기는 대화를 위해 즉시 문장을 만드는 작업이니까요. 우리가 독해를 통해 배우는 문장들은 대부분 길고, 또 외국인을 위한 한국어 책처럼 어색한 것들도 많아요. 실생활에서 말하거나 쓸 때 그다지 사용하지 않는 문법 규칙들이 수두룩하죠. 따라서 '영어 연산 훈련'의 효과를 높이려면 말하기에 꼭 필요하고 자주 쓰이는 문법 규칙들을 선별하여 학습해야 해요.

영어 말문이 터지는 교재 『영어 연산 훈련』

그런데 이런 '영어 연산 훈련'의 조건에 맞는 교재를 찾기가 힘들었어요. 그래서 캐나다의 현직 교사들과 팀을 이루어 총 7권의 시리즈로 목차와 구성을 짜고 기획 의도에 알맞은 영어 문장들을 선별하는 작업을 했어요. 말하기에 유용한 문법을 꾸준히 익혀 실생활에서 직관적 문장으로 말할 수 있게 한 혁신적인 영어 학습 과정, 『영어 연산 훈련』은 그렇게 탄생했어요.

Just Do It!

영어 학습에 있어서 최고의 지혜이자 학습법은 Just Do It!이에요. 문법을 머릿속 기억에 그치지 않고 입으로 나오도록 훈련하는 것만이 유창한 영이에 이르는 힘들지민 획실한 길이에요. 부디 독자 여러분의 꿈이 이루어지기를 기원합니다!

캐나다에서 '꿈동이' 박광희

이 책의 순서

unit 01	001-010	조동사 can · could	pp.19~30
unit 02	011-020	조동사 will · would	pp.31~42
unit 03	021-026	조동사 may · might	pp.43~50
unit 04	027-032	조동사 should	pp.51~58
unit 05	033-042	조동사 must	pp.59~70
unit 06	043-055	to부정사	pp.71~86
unit 07	056-060	원형부정사	pp.87~93
unit 08	061-070	It is ~ to …	pp.95~106
unit 09	071-082	동명사—동사의 목적어	pp.107~121
unit 10	083-092	동명사—주어	pp.123~134
unit 11	093-106	동명사—전치사의 목적어	pp.135~151
unit 12	107-120	수동태	pp.153~169

이 책의 활용

이 책에는 영어 연산 훈련에 적합한 문법을 담은 120개의 대표 문장이 실려 있습니다. 캐나다 현지 교사들이 초보 학습자가 문법 개념을 잘 이해할 수 있도록 고안한 문장들입니다. 이 120문장을 영어 연산 5칙에 따라 나만의 문장으로 만드는 연습을 해 보세요. 영어 연산 5칙에 따라 스스로 문장을 만드는 과정을 통해 자연스럽게 문법이 체화됩니다.

문법을 빠르게 연산하여 바로 바로 말하는 것을 목표로 훈련을 시작해 보세요!

입으로 확인하는 영어 연산

그림을 보고 그동안 배운 대표 문장을 입으로 만들어 봅니다.

말하기 전에 문법을 머리로 생각하는 과정을 생략할 수 있을 때까지 영어 연산을 연습하세요. 꾸준한 영어 연산으로 문법이 문장으로 한방에 나올 수 있어야 비로소 훈련을 마칠 수 있습니다.

정답 및 MP3 파일은
www.saramin.com에서
다운로드 받으실 수 있습니다.

손으로 체화하는 문법 훈련

앞에서 배운 문법을 활용해 문장을 만들어 봅니다.

먼저, 손으로 쓰면서 문장을 완성하세요. **영어 5칙 연산 훈련**에 따라 스스로 문장을 만드는 꾸준한 연습이 문법을 체화시켜 줍니다.

그 다음에, 각 문장을 5번씩 **낭독하기**(음원을 따라 읽기)와 **암송하기**(외워 말하기)를 하며 입으로도 훈련해 봅니다. 실전 말하기에서 바로 바로 연산할 수 있도록 충분히 훈련하세요.

눈으로 암기하는 문법 개념

영어 연산 훈련을 하기 위해 필요한 문법 개념을 알아봅니다.

문법은 단어를 어떻게 배열할 지에 대한 가이드로 문장의 의미는 단어 배열에 따라 달라집니다. 예문을 여러 번 따라 읽으며 정확한 단어의 순서를 익히세요.

영어!
공부법이 알고 싶다.

① 영어는 공부가 아닌 훈련을 해야 한다.

지식에는 두 가지 종류가 있습니다. 배움을 통해 얻어지는 **명시적 지식**과 익힘을 통해 알게 되는 **암묵적 지식**이 있습니다. 명시적 지식은 수학이나 과학 같이 사실을 암기하거나 논리적 추론으로 이해하는 지식으로 머리를 사용해 배웁니다. 한편, 암묵적 지식은 운동이나 악기처럼 반복적인 훈련을 통해 몸으로 체득하는 지식입니다.

그럼 영어는 명시적 지식에 속할까요? 암묵적 지식에 속할까요?
그동안 우리는 문법과 단어를 외우고 또 외우면서 영어를 암기했습니다. 하지만 놀랍게도 뇌 과학자들은 영어가 암묵적 지식이라고 말합니다. 뇌 영상 연구를 보면 암묵적 지식과 명시적 지식은 뇌의 다른 부분을 사용한다고 합니다. 수학을 공부할 때는 뇌의 다양한 부위를 사용하여 논리적인 추론을 하지만, 언어를 사용할 때의 뇌는 특정 부위만을 사용하는 것입니다.

② '영어 낭독 훈련'과 '영어 암송 훈련'이 답이다.

우리가 문법을 아무리 완벽하게 암기하고 단어를 많이 알아도, 영어를 틀린 방법으로 공부했기 때문에 지금까지 영어로 말하기 힘들었던 것입니다.

아기들이 한국어를 배우는 과정을 살펴볼까요? 옹알이로 시작해 돌 무렵이면 주위 사람들이 하는 말을 듣고 계속 따라 하다가 말문이 트이면 자유자재로 말하게 됩니다. 여기서 중요한 건 듣고 또 듣고 따라 한다는 거죠.

영어도 이처럼 자연스럽게 체화하면 제일 좋겠지만 그러기에 불가능한 환경입니다. 그래서 영어 노출이 거의 없는 한국의 상황에서 **'영어 낭독 훈련'과 '영어 암송 훈련'은 영어를 자유자재로 구사할 수 있게 해주는** 비법입니다. 녹음된 외국인의 음성을 듣고 따라 말하는 훈련을 통해 발음과 억양, 리듬감을 정확하게 익히게 됩니다. 영어 문장이 내 몸처럼 익숙해질 때까지 입으로 암송하면 우리가 국어 문법을 배우지 않아도 문법에 맞는 한국어를 할 수 있는 것처럼 영어도 말할 수 있게 됩니다.

③ '영어 낭독 훈련'과 '영어 암송 훈련'에 '영어 연산'을 더하라.

'영어 낭독 훈련'과 '영어 암송 훈련'도 단점이 있습니다. 기본기가 없거나 언어 감각이 부족한 학생들은 내 몸이 기억해서 어느 순간 폭발적으로 스피킹이 터지기까지 너무 많은 시간이 걸립니다.

그때 문법이라는 가이드가 영어를 좀 더 쉽게 체화할 수 있도록 도와줄 수 있습니다. 문법을 알고 암송을 하면 문장을 받아들이는 속도가 빨라집니다. 수영법을 모르고 물에 들어가면 허우적대지만, 수영법을 배우고 물에 들어가면 빨리 뜰 수 있습니다. 이론을 배우면 실전에서 능률이 오르기 마련이지요.

하지만 시중의 영어 문법서들은 대부분 독해와 시험을 위한 문법서입니다. 문법 설명을 외우는 것은 의사소통을 위한 언어 훈련법으로 맞지 않습니다. 그래서 우리는 **『영어 연산 훈련』이라는 훈련용 문법서**를 개발했습니다. '수학 4칙 연산 훈련'이 셈을 빠르게 해주는 것처럼 『영어 연산 훈련』은 문법을 직관적으로 문장에 적용하고 곧바로 말로 나오게 훈련시켜 줍니다.

일치, 시간, 의문, 부정, 응용의 '영어 5칙'은 모든 영어 문장에 들어있는 기본 뼈대입니다. 다섯 가지 법칙을 적용하여 쓰고 말하는 훈련을 꾸준히 한다면, 몸이 문법을 기억하는 동시에 문법 응용 능력이 생겨 스스로 문장을 만들 수 있게 될 것입니다.

『영어 연산 훈련』으로 '머릿속에 머무는 문법'이 문장이 되어 입으로 나오게 해보세요.

영어 연산 훈련을
하기 전에 ...

단어를 성격에 따라 구분해 봅시다.

- 움직임(動)이나 상태를 나타내는 말(詞)이에요.
- 문장의 핵심이에요.
- 인칭, 수, 시제를 나타내요.
  I **am** Judy Kim. 나는 주디 킴이다.
  → 1인칭, 단수, 현재 시제
- 뒤에 무엇이 올지 결정해요.
  He **kept** me waiting. 그가 나를 기다리게 했다.
  → 타동사로 목적어 필요

- 이름(名)을 나타내는 말(詞)이에요.
- 셀 수 있는 명사와 셀 수 없는 명사로 나눌 수 있어요.
  ① 셀 수 있는 명사
   · 두루 쓰이는 일반적인 것의 이름 car, socks, shoes
   · 모임·집단의 이름 family, class, police
  ② 셀 수 없는 명사
   · 특정한 사람이나 사물의 이름 Sumi, the Han River
   · 정해진 모양이 없는 것의 이름 sugar, salt, juice
   · 눈에 보이지 않는 추상적인 것의 이름 love, friendship

- 명사(名)를 대신(代)하는 말(詞)이에요.
  Sumi is my friend. **She** is smart. 수미는 내 친구다. 그녀는 똑똑하다.

- 모양(形)이나 모습(容)을 나타내는 말(詞)이에요.
- 명사를 꾸미거나 술어에 의미를 더해요.

She has a **red** car. 그녀는 빨간 자동차가 있다.
I am **happy**. 나는 행복하다.

- 옆에서 도와(副)주는 말(詞)이에요.
- 동사, 형용사, 다른 부사, 문장 전체를 꾸며요.

I am **very** happy. 나는 정말 행복하다.

- 앞(前)에 두는(置) 말(詞)이에요.
- 명사나 대명사 앞에서 방향, 시간, 장소, 상태를 나타내요.

A bird is **on** my arm. 새가 내 팔 위에 있다.

- 서로 맞대어 이어주는(接續) 말(詞)이에요.
- 단어와 단어, 문장과 문장을 연결해요.

Kevin **and** I are friends. 케빈과 나는 친구이다.

문장을 구성하는 요소를 알아봅시다.

주어	문장의 주체가 되는 말로 문장 필수 요소	→ 명사, 대명사
술어	주어에 대해 서술하는 말로 문장 필수 요소	→ 동사
목적어	술어의 목적이 되는 말	→ 명사, 대명사 등
보어	동사를 보충하는 말	→ 명사, 대명사, 형용사 등
수식어	주어, 동사, 목적어, 보어를 꾸며 주는 말	→ 형용사나 부사에 속하는 말

He can play the piano very well. 그는 피아노를 매우 잘 칠 수 있다.
주어 술어 목적어 수식어

이 책의 학습 진도표

📖 **표준 학습 진도표** 하루에 한 과씩 학습하고 리뷰로 복습하세요.

날짜	월 일	월 일	월 일	월 일	월 일	월 일
진도	**Unit 01** 조동사 can · could	**Unit 02** 조동사 will · would	**Review** 001~020	**Unit 03** 조동사 may · might	**Unit 04** 조동사 should	**Unit 05** 조동사 must
자기 평가	☆☆☆☆☆	☆☆☆☆☆	☆☆☆☆☆	☆☆☆☆☆	☆☆☆☆☆	☆☆☆☆☆
날짜	월 일	월 일	월 일	월 일	월 일	월 일
진도	**Review** 021~042	**Unit 06** to부정사	**Unit 07** 원형부정사	**Unit 08** It is ~ to …	**Review** 043~070	**Unit 09** 동명사-동사의 목적어
자기 평가	☆☆☆☆☆	☆☆☆☆☆	☆☆☆☆☆	☆☆☆☆☆	☆☆☆☆☆	☆☆☆☆☆
날짜	월 일	월 일	월 일	월 일	월 일	
진도	**Unit 10** 동명사-주어	**Unit 11** 동명사-전치사의 목적어	**Review** 071~106	**Unit 12** 수동태	**Review** 107~120	
자기 평가	☆☆☆☆☆	☆☆☆☆☆	☆☆☆☆☆	☆☆☆☆☆	☆☆☆☆☆	

📑 **나의 학습 진도표** 하루에 공부할 분량을 스스로 정하고, 목표를 꼭 지키세요.

날짜	월 일	월 일	월 일	월 일	월 일
진도					
자기 평가	☆☆☆☆☆	☆☆☆☆☆	☆☆☆☆☆	☆☆☆☆☆	☆☆☆☆☆
날짜	월 일	월 일	월 일	월 일	월 일
진도					
자기 평가	☆☆☆☆☆	☆☆☆☆☆	☆☆☆☆☆	☆☆☆☆☆	☆☆☆☆☆
날짜	월 일	월 일	월 일	월 일	월 일
진도					
자기 평가	☆☆☆☆☆	☆☆☆☆☆	☆☆☆☆☆	☆☆☆☆☆	☆☆☆☆☆
날짜	월 일	월 일	월 일	월 일	월 일
진도					
자기 평가	☆☆☆☆☆	☆☆☆☆☆	☆☆☆☆☆	☆☆☆☆☆	☆☆☆☆☆
날짜	월 일	월 일	월 일	월 일	월 일
진도					
자기 평가	☆☆☆☆☆	☆☆☆☆☆	☆☆☆☆☆	☆☆☆☆☆	☆☆☆☆☆

Tell me, and I'll forget. Teach me, and I may remember. Involve me, and I learn.

- Benjamin Franklin

말해 주면 잊어버려요.
보여주면 기억할 수도 있겠죠.
내가 하면 깨달아요.

Benjamin Franklin 벤자민 프랭클린 1706~1790
출판업자이자 정치가, 과학자, 미국 건국의 아버지로 100달러 지폐에 초상화가 새겨져 있다.

UNIT 01
조동사 can · could

시작　　월　　일　　：
마침　　월　　일　　：

☆ ***She can play the piano.*** (능력)
그녀는 피아노를 칠 수 있다.
조동사 can은 '…할 수 있다', '…할 줄 안다'라는 뜻입니다. 과거를 나타낼 때는 could를 씁니다.

☆ ***I could be wrong.*** (추측)
내가 틀렸을 수도 있다.
'…일 수도 있다'는 '추측'의 의미로도 can을 씁니다. 이때 could는 can의 과거형이 아닌 can보다 더 불확실한 추측을 나타냅니다.

☆ ***Can I come with you?*** (허락)
내가 같이 가도 될까?
can은 '…해도 좋다'라는 '허락'의 의미도 있습니다.

☆ ***Can you help me?*** (요청)
나를 도와줄래?
「Can+주어+동사 ~?」의 형태로 '…해 주겠니?'라고 '요청'할 수도 있습니다.

Tip 조동사란 무엇인가요?
조동사는 동사(원형) 앞에서 동사를 도와 동사에 의미를 더해 주거나 문법적 기능을 하는 것으로 인칭이나 수에 따라 형태가 변하지 않아요. 조동사 뒤에 not을 붙이면 부정문이 되고 조동사를 문장의 맨 앞으로 보내면 의문문이 돼요.
• He **cannot** play the piano. 그는 피아노를 연주할 수 없다.
• **Can** I borrow your cellphone? 네 휴대전화기 좀 빌려줄래?

001

I can *speak* English.
나는 영어를 할 수 있다.

I cannot *speak* English.
나는 영어를 할 줄 모른다.

우리말 뜻을 참고하여 영어로 표현하세요.

1 나는 영어를 읽을 수 있다.
read

2 나는 영어를 쓸 수 있다.
write

3 나는 영어를 알아들을 수 있다.
understand

4 나는 영어를 읽고 쓸 수 있다.
read and write

5 나는 영어를 알아듣지 못한다.
understand

6 나는 영어를 읽고 쓸 줄 모른다.
read and write

7 나는 영어를 읽을 줄 모른다.
read

8 나는 영어를 쓸 줄 모른다.
write

★ can의 부정은 cannot 또는 can't로 써요. can not으로 띄어 쓰지 않도록 주의하세요!

낭·독·하·기 ☐☐☐☐☐☐ 암·송·하·기 ○○○○○

She can speak a little *English*.
그녀는 영어를 조금 할 수 있다.

Can she speak a little *English*?
그녀는 영어를 조금 할 수 있니?

우리말 뜻을 참고하여 영어로 표현하세요.

① 그녀는 중국어를 조금 할 수 있다.
Chinese
_____

② 그녀는 일본어를 조금 할 수 있다.
Japanese
_____

③ 그녀는 프랑스어를 조금 할 수 있다.
French
_____

④ 그녀는 독일어를 조금 할 수 있다.
German
_____

⑤ 그녀는 중국어를 조금 할 수 있니?
Chinese
_____

⑥ 그녀는 프랑스어를 조금 할 수 있니?
French
_____

⑦ 그녀는 일본어를 조금 할 수 있니?
Japanese
_____

⑧ 그녀는 독일어를 조금 할 수 있니?
German
_____

● a little 조금

My parents could write Chinese characters.
우리 부모님은 한자를 쓸 수 있었다.

My parents couldn't write Chinese characters.
우리 부모님은 한자를 쓰지 못했다.

우리말 뜻을 참고하여 영어로 표현하세요.

① 우리 어머니는 한자를 쓸 수 있었다.
My mother

② 우리 할아버지 할머니는 한자를 쓸 수 있었다.
My grandparents

③ 헨리는 한자를 쓸 수 있었다.
Henry

④ 그들은 한자를 쓸 수 있었다.
They

⑤ 우리 할아버지 할머니는 한자를 쓰지 못했다.
My grandparents

⑥ 우리 어머니는 한자를 쓰지 못했다.
My mother

⑦ 헨리는 한자를 쓰지 못했다.
Henry

⑧ 그들은 한자를 쓰지 못했다.
They

| 낭·독·하·기 ☐☐☐☐☐ | 암·송·하·기 ○○○○○ |

I can play the *violin*.
나는 바이올린을 연주할 수 있다.

I can't play the *violin*.
나는 바이올린을 연주하지 못한다.

우리말 뜻을 참고하여 영어로 표현하세요.

① 나는 피아노를 연주할 수 있다.
piano

② 나는 기타를 연주할 수 있다.
guitar

③ 나는 드럼을 연주할 수 있다.
drum

④ 나는 하모니카를 연주할 수 있다.
harmonica

⑤ 나는 드럼을 연주하지 못한다.
drum

⑥ 나는 피아노를 연주하지 못한다.
piano

⑦ 나는 기타를 연주하지 못한다.
guitar

⑧ 나는 하모니카를 연주하지 못한다.
harmonica

Tom can *swim* fast.
톰은 빠르게 헤엄칠 수 있다.

Can Tom *swim* fast?
톰은 빠르게 헤엄칠 수 있니?

우리말 뜻을 참고하여 영어로 표현하세요.

① 톰은 빠르게 달릴 수 있다.
run

② 톰은 빠르게 스케이트를 탈 수 있다.
skate

③ 톰은 빠르게 타자를 칠 수 있다.
type

④ 톰은 빠르게 문자를 보낼 수 있다.
text

⑤ 톰은 빠르게 타자를 칠 수 있니?
type

⑥ 톰은 빠르게 문자를 보낼 수 있니?
text

⑦ 톰은 빠르게 달릴 수 있니?
run

⑧ 톰은 빠르게 스케이트를 탈 수 있니?
skate

Tom can swim faster than *me*.
톰은 나보다 빠르게 헤엄칠 수 있다.

Tom can't swim faster than *me*.
톰은 나보다 빠르게 헤엄치지 못한다.

우리말 뜻을 참고하여 영어로 표현하세요.

1 톰은 잭보다 빠르게 헤엄칠 수 있다.
Jack

2 톰은 그의 친구보다 빠르게 헤엄칠 수 있다.
his friend

3 톰은 그의 친구 잭보다 빠르게 헤엄칠 수 있다.
his friend Jack

4 톰은 어느 누구보다 빠르게 헤엄칠 수 있다.
anyone

5 톰은 그의 친구보다 빠르게 헤엄치지 못한다.
his friend

6 톰은 잭보다 빠르게 헤엄치지 못한다.
Jack

7 톰은 어느 누구보다 빠르게 헤엄치지 못한다.
anyone

8 톰은 그의 친구 잭보다 빠르게 헤엄치지 못한다.
his friend Jack

She could live without *the Internet*.
그녀는 인터넷 없이도 살 수 있었다.

Could she live without *the Internet*?
그녀는 인터넷 없이도 살 수 있었니?

우리말 뜻을 참고하여 영어로 표현하세요.

① 그녀는 휴대전화기 없이도 살 수 있었다.
　 a cellphone

② 그녀는 컴퓨터 없이도 살 수 있었다.
　 a computer

③ 그녀는 에어컨 없이도 살 수 있었다.
　 air conditioning

④ 그녀는 텔레비전 없이도 살 수 있었다.
　 a television

⑤ 그녀는 에어컨 없이도 살 수 있었니?
　 air conditioning

⑥ 그녀는 텔레비전 없이도 살 수 있었니?
　 a television

⑦ 그녀는 휴대전화기 없이도 살 수 있었니?
　 a cellphone

⑧ 그녀는 컴퓨터 없이도 살 수 있었니?
　 a computer

I can finish it in time.
나는 그것을 늦지 않게 끝낼 수 있다.

I can't finish it in time.
나는 그것을 늦지 않게 끝내지 못한다.

우리말 뜻을 참고하여 영어로 표현하세요.

① 내 남동생은 그것을 늦지 않게 끝낼 수 있다.
My little brother _____

② 우리 언니는 그것을 늦지 않게 끝낼 수 있다.
My older sister _____

③ 그는 그것을 늦지 않게 끝낼 수 있다.
He _____

④ 그들은 그것을 늦지 않게 끝낼 수 있다.
They _____

⑤ 우리 언니는 그것을 늦지 않게 끝내지 못한다.
My older sister _____

⑥ 그는 그것을 늦지 않게 끝내지 못한다.
He _____

⑦ 내 남동생은 그것을 늦지 않게 끝내지 못한다.
My little brother _____

⑧ 그들은 그것을 늦지 않게 끝내지 못한다.
They _____

● in time 늦지 않게

He could become *a millionaire* one day.
그는 언젠가 백만장자가 될 수 있을 것이다.

Could he become *a millionaire* one day?
그는 언젠가 백만장자가 될 수 있을까?

우리말 뜻을 참고하여 영어로 표현하세요.

① 그는 언젠가 선생님이 될 수 있을 것이다.
a teacher

② 그는 언젠가 과학자가 될 수 있을 것이다.
a scientist

③ 그는 언젠가 배우가 될 수 있을 것이다.
an actor

④ 그는 언젠가 유명한 배우가 될 수 있을 것이다.
a famous actor

⑤ 그는 언젠가 선생님이 될 수 있을까?
a teacher

⑥ 그는 언젠가 유명한 배우가 될 수 있을까?
a famous actor

⑦ 그는 언젠가 배우가 될 수 있을까?
an actor

⑧ 그는 언젠가 과학자가 될 수 있을까?
a scientist

● become …이 되다 ● one day 언젠가

Can I borrow your *umbrella*?
내가 네 우산을 빌려도 될까?

You can borrow my *umbrella*.
너는 내 우산을 빌려가도 돼.

우리말 뜻을 참고하여 영어로 표현하세요.

① 내가 네 공책을 빌려도 될까?
notebook

② 내가 네 노트북 컴퓨터를 빌려도 될까?
laptop

③ 내가 네 연필을 빌려도 될까?
pencil

④ 내가 네 자전거를 빌려도 될까?
bike

⑤ 너는 내 노트북 컴퓨터를 빌려가도 돼.
laptop

⑥ 너는 내 연필을 빌려가도 돼.
pencil

⑦ 너는 내 공책을 빌려가도 돼.
notebook

⑧ 너는 내 자전거를 빌려가도 돼.
bike

Review

001- 010 그림을 보고 영어로 말해 보세요.

001

002

003

004

005

006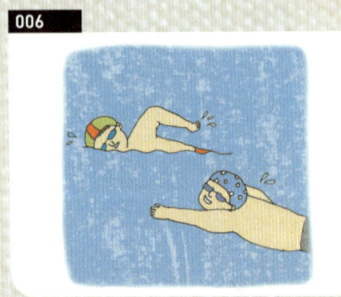

007

008

009

010

UNIT 02
조동사 will·would

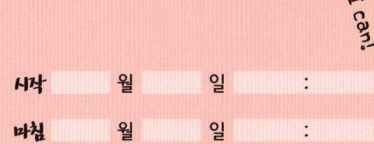

시작　월　일　　：
마침　월　일　　：

☆ ***He will try the best.*** (의지)
그는 최선을 다할 것이다.
미래를 나타내는 조동사 will은 '…할 것이다', '…하려고 하다'는 '의지'의 의미로도 쓰입니다. 이때 will의 과거형은 would입니다.

☆ ***He would give you a call.*** (추측)
그가 너에게 전화할 것이다.
will은 '…일 것이다'라는 '추측'의 의미로도 쓰입니다. 이때 would는 과거가 아닌 현재의 약한 추측을 나타냅니다.

☆ ***Accidents will happen.*** (경향)
사고는 일어나기 마련이다.

I would read books on the bed. (과거 습관)
나는 침대에서 책을 읽곤 했다.
will은 '…하기 마련이다'라는 일반적인 경향을, would는 '…하곤 했다'라는 과거 습관을 나타내기도 합니다.

☆ ***Will you come over here?*** (요청)
이리로 와 주겠니?
'Will you ~?'(…해 주겠니?)라고 요청이나 부탁을 할 수 있습니다. Would는 공손히 요청할 때 쓰입니다.

Alice will learn *ballet*.
앨리스는 발레를 배울 것이다.

Alice won't learn *ballet*.
앨리스는 발레를 배우지 않을 것이다.

우리말 뜻을 참고하여 영어로 표현하세요.

① 앨리스는 중국어를 배울 것이다.
Chinese

② 앨리스는 외국어를 배울 것이다.
a foreign language

③ 앨리스는 태권도를 배울 것이다.
taekwondo

④ 앨리스는 컴퓨터 프로그래밍을 배울 것이다.
computer programming

⑤ 앨리스는 태권도를 배우지 않을 것이다.
taekwondo

⑥ 앨리스는 중국어를 배우지 않을 것이다.
Chinese

⑦ 앨리스는 외국어를 배우지 않을 것이다.
a foreign language

⑧ 앨리스는 컴퓨터 프로그래밍을 배우지 않을 것이다.
computer programming

● 회화체에서 will not은 보통 won't로 축약해서 말해요.

He will help *me*.
그가 나를 도와줄 것이다.

Will he help *me*?
그가 나를 도와줄까?

우리말 뜻을 참고하여 영어로 표현하세요.

① 그가 당신을 도와줄 것이다.
you

② 그가 그녀를 도와줄 것이다.
her

③ 그가 우리를 도와줄 것이다.
us

④ 그가 그들을 도와줄 것이다.
them

⑤ 그가 우리를 도와줄까?
us

⑥ 그가 당신을 도와줄까?
you

⑦ 그가 그녀를 도와줄까?
her

⑧ 그가 그들을 도와줄까?
them

013

낭·독·하·기 ☐☐☐☐☐ 암·송·하·기 ○○○○○

She will call me back.
그녀가 나에게 다시 전화할 것이다.

Will she call me back?
그녀가 나에게 다시 전화할까?

우리말 뜻을 참고하여 영어로 표현하세요.

① 올리비아가 나에게 다시 전화할 것이다.
Olivia _____

② 그녀의 언니가 나에게 다시 전화할 것이다.
Her sister _____

③ 올리비아의 언니가 나에게 다시 전화할 것이다.
Olivia's sister _____

④ 그가 나에게 다시 전화할 것이다.
He _____

⑤ 올리비아의 언니가 나에게 다시 전화할까?
Olivia's sister _____

⑥ 그가 나에게 다시 전화할까?
he _____

⑦ 올리비아가 나에게 다시 전화할까?
Olivia _____

⑧ 그녀의 언니가 나에게 다시 전화할까?
her sister _____

● back 다시

I'll call you back *in five minutes*.
내가 5분 후에 너에게 다시 전화할 것이다.

I won't call you back *in five minutes*.
나는 5분 후에 너에게 다시 전화하지 않을 것이다.

우리말 뜻을 참고하여 영어로 표현하세요.

① 내가 나중에 너에게 다시 전화할 것이다.
later

② 내가 내일 너에게 다시 전화할 것이다.
tomorrow

③ 내가 점심 식사 후에 너에게 다시 전화할 것이다.
after lunch

④ 내가 금방 너에게 다시 전화할 것이다.
in a minute

⑤ 나는 나중에 너에게 다시 전화하지 않을 것이다.
later

⑥ 나는 금방 너에게 다시 전화하지 않을 것이다.
in a minute

⑦ 나는 내일 너에게 다시 전화하지 않을 것이다.
tomorrow

⑧ 나는 점심 식사 후에 너에게 다시 전화하지 않을 것이다.
after lunch

❋ in a minute 금방, 곧

015

Emma will send *me* an email.
엠마는 나에게 이메일을 보낼 것이다.

Emma won't send *me* an email.
엠마는 나에게 이메일을 보내지 않을 것이다.

우리말 뜻을 참고하여 영어로 표현하세요.

1. 엠마는 그에게 이메일을 보낼 것이다.
   him

2. 엠마는 너에게 이메일을 보낼 것이다.
   you

3. 엠마는 그녀에게 이메일을 보낼 것이다.
   her

4. 엠마는 잭에게 이메일을 보낼 것이다.
   Jack

5. 엠마는 그에게 이메일을 보내지 않을 것이다.
   him

6. 엠마는 그녀에게 이메일을 보내지 않을 것이다.
   her

7. 엠마는 잭에게 이메일을 보내지 않을 것이다.
   Jack

8. 엠마는 너에게 이메일을 보내지 않을 것이다.
   you

Emma said that *she* would send me an email.
엠마는 나에게 이메일을 보낼 거라고 말했다.

Emma said that *she* wouldn't send me an email.
엠마는 나에게 이메일을 보내지 않을 거라고 말했다.

우리말 뜻을 참고하여 영어로 표현하세요.

1 헨리는 나에게 이메일을 보낼 거라고 말했다.
Henry/he

2 올리비아는 나에게 이메일을 보낼 거라고 말했다.
Olivia/she

3 우리 이모는 나에게 이메일을 보낼 거라고 말했다.
My aunt/she

4 우리 외삼촌은 나에게 이메일을 보낼 거라고 말했다.
My uncle/he

일치

 부정

5 헨리는 나에게 이메일을 보내지 않을 거라고 말했다.
Henry/he

6 올리비아는 나에게 이메일을 보내지 않을 거라고 말했다.
Olivia/she

7 우리 이모는 나에게 이메일을 보내지 않을 거라고 말했다.
My aunt/she

8 우리 외삼촌은 나에게 이메일을 보내지 않을 거라고 말했다.
My uncle/he

🌸 that으로 문장을 연결할 때, that 앞이 과거(said)이면 뒤에도 과거(would send)가 와야 해요.

Jack promised that he would help us.
잭이 우리를 도와주겠다고 약속했다.

Did Jack promise that he would help us?
잭이 우리를 도와주겠다고 약속했니?

우리말 뜻을 참고하여 영어로 표현하세요.

일치

① 톰이 우리를 도와주겠다고 약속했다.
Tom/he
_____

② 그의 누나가 우리를 도와주겠다고 약속했다.
His sister/she
_____

③ 그녀의 오빠가 우리를 도와주겠다고 약속했다.
Her brother/he
_____

④ 그의 친구들이 우리를 도와주겠다고 약속했다.
His friends/they
_____

의문

⑤ 그의 친구들이 우리를 도와주겠다고 약속했니?
his friends/they
_____

⑥ 그의 누나가 우리를 도와주겠다고 약속했니?
his sister/she
_____

⑦ 톰이 우리를 도와주겠다고 약속했니?
Tom/he
_____

⑧ 그녀의 오빠가 우리를 도와주겠다고 약속했니?
her brother/he
_____

He will join our club.
그는 우리 클럽에 가입할 것이다.

He won't join our club.
그는 우리 클럽에 가입하지 않을 것이다.

우리말 뜻을 참고하여 영어로 표현하세요.

① 그녀는 우리 클럽에 가입할 것이다.
   She

② 헨리는 우리 클럽에 가입할 것이다.
   Henry

③ 헨리와 그의 친구는 우리 클럽에 가입할 것이다.
   Henry and his friend

④ 그들은 우리 클럽에 가입할 것이다.
   They

⑤ 헨리와 그의 친구는 우리 클럽에 가입하지 않을 것이다.
   Henry and his friend

⑥ 그녀는 우리 클럽에 가입하지 않을 것이다.
   She

⑦ 그들은 우리 클럽에 가입하지 않을 것이다.
   They

⑧ 헨리는 우리 클럽에 가입하지 않을 것이다.
   Henry

Australia would be a great place to visit.
호주는 방문하기에 멋진 곳일 것이다.

Would *Australia* be a great place to visit?
호주는 방문하기에 멋진 곳일까?

우리말 뜻을 참고하여 영어로 표현하세요.

① 스위스는 방문하기에 멋진 곳일 것이다.
Switzerland

② 캐나다는 방문하기에 멋진 곳일 것이다.
Canada

③ 프랑스는 방문하기에 멋진 곳일 것이다.
France

④ 인도는 방문하기에 멋진 곳일 것이다.
India

⑤ 프랑스는 방문하기에 멋진 곳일까?
France

⑥ 캐나다는 방문하기에 멋진 곳일까?
Canada

⑦ 스위스는 방문하기에 멋진 곳일까?
Switzerland

⑧ 인도는 방문하기에 멋진 곳일까?
India

I would like *a glass of water*.
물을 한 잔 마시고 싶다.

Would you like *a glass of water*?
물 한 잔 마실래요?

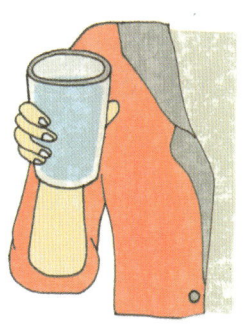

우리말 뜻을 참고하여 영어로 표현하세요.

① 우유를 한 잔 마시고 싶다.
a mug of milk

② 차를 한 잔 마시고 싶다.
a cup of tea

③ 콜라를 좀 마시고 싶다.
some Coke

④ 탄산음료를 한 캔 마시고 싶다.
a can of soda

⑤ 우유 한 잔 마실래요?
a mug of milk

⑥ 탄산음료 한 캔 마실래요?
a can of soda

⑦ 콜라 좀 마실래요?
some Coke

⑧ 차 한 잔 마실래요?
a cup of tea

❋ would like는 '…하고 싶다'라는 뜻이에요. ▪ 「Would you like+명사?」는 '…하실래요?'라고 공손하게 권유하는 표현이에요.

Review

011-020 그림을 보고 영어로 말해 보세요.

UNIT 03

조동사 may·might

시작   월   일   :
마침   월   일   :

⭐ ***Jack may come with me.*** (추측)
잭은 나와 함께 올지도 모른다.

It might be a good idea. (추측)
그것은 좋은 생각인 것 같다.

조동사 may는 '…일지도 모른다'는 불확실한 '추측'을 의미합니다. might는 그보다 좀 덜 불확실한 추측입니다.

⭐ ***May I come in?*** (허락)
제가 들어가도 될까요?

may와 might는 '…해도 좋다[되다]'라는 '허락'을 의미하기도 합니다. can보다 정중한 표현입니다.

Tip 정중한 표현은 어떻게 다른가요?
- I'm sorry but you can't.   • No, you may not.
  (미안하지만 안 돼.)   (아니, 너는 그래서는 안 돼.)

위의 두 문장은 모두 거절의 표현이에요. 그런데 may를 쓴 두 번째 문장은 딱딱한 느낌이 드는 정중한 표현이라서 일반적으로 첫 번째 문장을 더 많이 써요.

It might *rain* this afternoon.
오늘 오후에 비가 올지도 모른다.

It might not *rain* this afternoon.
오늘 오후에 비가 오지 않을 수도 있다.

우리말 뜻을 참고하여 영어로 표현하세요.

① 오늘 오후에 눈이 내릴지도 모른다.
snow

② 오늘 오후에 소나기가 올지도 모른다.
shower

③ 오늘 오후에 추울지도 모른다.
be cold

④ 오늘 오후에 화창할지도 모른다.
be sunny

⑤ 오늘 오후에 눈이 내리지 않을 수도 있다.
snow

⑥ 오늘 오후에 화창하지 않을 수도 있다.
be sunny

⑦ 오늘 오후에 소나기가 오지 않을 수도 있다.
shower

⑧ 오늘 오후에 춥지 않을 수도 있다.
be cold

You might need an extra *battery*.
당신은 여분의 배터리가 필요할 수도 있다.

You might not need an extra *battery*.
당신은 여분의 배터리가 필요하지 않을 수도 있다.

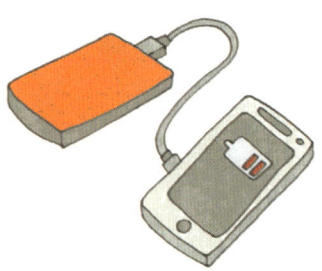

우리말 뜻을 참고하여 영어로 표현하세요.

1. 당신은 여분의 가방이 필요할 수도 있다.
   bag

2. 당신은 여분의 접시가 필요할 수도 있다.
   plate

3. 당신은 여분의 베개가 필요할 수도 있다.
   pillow

4. 당신은 여분의 숟가락이 필요할 수도 있다.
   spoon

5. 당신은 여분의 베개가 필요하지 않을 수도 있다.
   pillow

6. 당신은 여분의 가방이 필요하지 않을 수도 있다.
   bag

7. 당신은 여분의 접시가 필요하지 않을 수도 있다.
   plate

8. 당신은 여분의 숟가락이 필요하지 않을 수도 있다.
   spoon

● extra 여분의

023

He may be as *tall* as his brother.
그는 자기 형만큼 키가 클지도 모른다.

He may not be as *tall* as his brother.
그는 자기 형만큼 키가 크지 않을 수도 있다.

우리말 뜻을 참고하여 영어로 표현하세요.

① 그는 자기 형만큼 똑똑할지도 모른다.
smart
_____

② 그는 자기 형만큼 부지런할지도 모른다.
diligent
_____

③ 그는 자기 형만큼 빠를지도 모른다.
fast
_____

④ 그는 자기 형만큼 친절할지도 모른다.
kind
_____

⑤ 그는 자기 형만큼 빠르지 않을 수도 있다.
fast
_____

⑥ 그는 자기 형만큼 똑똑하지 않을 수도 있다.
smart
_____

⑦ 그는 자기 형만큼 부지런하지 않을 수도 있다.
diligent
_____

⑧ 그는 자기 형만큼 친절하지 않을 수도 있다.
kind
_____

✽ as A as B B만큼 A한 (A 자리에는 형용사나 부사가 와요.)

May I *leave* now?
제가 이제 가도 될까요?

You may *leave* now.
당신은 이제 가도 됩니다.

우리말 뜻을 참고하여 영어로 표현하세요.

① 제가 이제 시작해도 될까요?
start
----

② 제가 이제 앉아도 될까요?
sit down
----

③ 제가 이제 집에 가도 될까요?
go home
----

④ 제가 이제 먹어도 될까요?
eat
----

⑤ 당신은 이제 집에 가도 됩니다.
go home
----

⑥ 당신은 이제 먹어도 됩니다.
eat
----

⑦ 당신은 이제 시작해도 됩니다.
start
----

⑧ 당신은 이제 앉아도 됩니다.
sit down

You may stop *working*.
당신은 일을 멈춰도 됩니다.

You may not stop *working*.
당신은 일을 멈추면 안 됩니다.

우리말 뜻을 참고하여 영어로 표현하세요.

① 당신은 쓰기를 멈춰도 됩니다.
writing

② 당신은 읽기를 멈춰도 됩니다.
reading

③ 당신은 연습하기를 멈춰도 됩니다.
practicing

④ 당신은 시도하기를 멈춰도 됩니다.
trying

⑤ 당신은 읽기를 멈추면 안 됩니다.
reading

⑥ 당신은 쓰기를 멈추면 안 됩니다.
writing

⑦ 당신은 연습하기를 멈추면 안 됩니다.
practicing

⑧ 당신은 시도하기를 멈추면 안 됩니다.
trying

● stop working 일을 멈추다

낭·독·하·기 ▢▢▢▢▢▢   암·송·하·기 ○○○○○

You may stop working for lunch.
당신은 점심을 먹기 위해 일을 멈춰도 됩니다.

You may not stop working for lunch.
당신은 점심을 먹기 위해 일을 멈추면 안 됩니다.

우리말 뜻을 참고하여 영어로 표현하세요.

1 그는 점심을 먹기 위해 일을 멈춰도 됩니다.
He

2 그들은 점심을 먹기 위해 일을 멈춰도 됩니다.
They

3 앨리스는 점심을 먹기 위해 일을 멈춰도 됩니다.
Alice

4 그녀는 점심을 먹기 위해 일을 멈춰도 됩니다.
She

5 앨리스는 점심을 먹기 위해 일을 멈추면 안 됩니다.
Alice

6 그들은 점심을 먹기 위해 일을 멈추면 안 됩니다.
They

7 그는 점심을 먹기 위해 일을 멈추면 안 됩니다.
He

8 그녀는 점심을 먹기 위해 일을 멈추면 안 됩니다.
She

Review

021-026 그림을 보고 영어로 말해 보세요.

UNIT 04

조동사 should

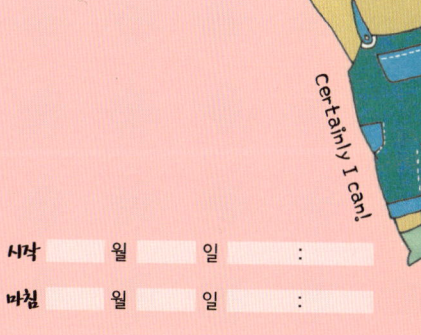

시작　월　일　：
마침　월　일　：

☆ ***You should respect your parents.*** (의무)
부모님을 공경해야 한다.
조동사 should는 '…해야 한다'는 제안이나 의무를 나타냅니다.

☆ ***That should be fun.*** (추측)
그것은 재미있겠다.
'(아마) …일 것이다'라는 예상이나 추측을 나타낼 때도 should를 쓸 수 있습니다.

 shall은 무엇인가요?
사실 오래전에 shall은 will처럼 미래를 나타내는 조동사였어요. 하지만 요즘에는 그 뜻으로는 거의 쓰이지 않고 제의하거나 조언을 구하는 의미로 주로 쓰여요.
• **Shall** we dance? 우리 춤출까?
• What **shall** I do? 내가 무엇을 해야 하지?

She should *try*.
그녀는 노력해야 한다.

Should she *try*?
그녀는 노력해야 하니?

우리말 뜻을 참고하여 영어로 표현하세요.

① 그녀는 열심히 노력해야 한다.
try hard

② 그녀는 다시 노력해야 한다.
try again

③ 그녀는 계속 노력해야 한다.
keep trying

④ 그녀는 살을 빼려고 노력해야 한다.
try to lose weight

⑤ 그녀는 계속 노력해야 하니?
keep trying

⑥ 그녀는 살을 빼려고 노력해야 하니?
try to lose weight

⑦ 그녀는 열심히 노력해야 하니?
try hard

⑧ 그녀는 다시 노력해야 하니?
try again

🌸 「keep+동사-ing」 계속 ~하다

She should rest at home today.
그녀는 오늘 집에서 쉬어야 한다.

Should she rest at home today?
그녀는 오늘 집에서 쉬어야 하니?

우리말 뜻을 참고하여 영어로 표현하세요.

1 그들은 오늘 집에서 쉬어야 한다.
They

2 너는 오늘 집에서 쉬어야 한다.
You

3 엠마는 오늘 집에서 쉬어야 한다.
Emma

4 그녀의 아버지는 오늘 집에서 쉬어야 한다.
Her father

5 너는 오늘 집에서 쉬어야 하니?
you

6 엠마는 오늘 집에서 쉬어야 하니?
Emma

7 그들은 오늘 집에서 쉬어야 하니?
they

8 그녀의 아버지는 오늘 집에서 쉬어야 하니?
her father

We should obey *our teacher*.
우리는 선생님을 따라야 한다.

Should we obey *our teacher*?
우리는 선생님을 따라야 하니?

우리말 뜻을 참고하여 영어로 표현하세요.

① 우리는 부모님을 따라야 한다.
our parents

② 우리는 법을 따라야 한다.
the law

③ 우리는 규칙들을 따라야 한다.
the rules

④ 우리는 학교 규칙들을 따라야 한다.
the school rules

⑤ 우리는 부모님을 따라야 하니?
our parents

⑥ 우리는 학교 규칙들을 따라야 하니?
the school rules

⑦ 우리는 법을 따라야 하니?
the law

⑧ 우리는 규칙들을 따라야 하니?
the rules

● **obey** 시키는 대로 하다, (명령·법 등을) 따르다[지키다]

Tom should come by *subway*.
톰은 아마 지하철로 올 것이다.

Tom shouldn't come by *subway*.
톰은 아마 지하철로 오지는 않을 것이다.

우리말 뜻을 참고하여 영어로 표현하세요.

1. 톰은 아마 버스로 올 것이다.
   bus

2. 톰은 아마 자전거로 올 것이다.
   bike

3. 톰은 아마 자동차로 올 것이다.
   car

4. 톰은 아마 기차로 올 것이다.
   train

5. 톰은 아마 버스로 오지는 않을 것이다.
   bus

6. 톰은 아마 자동차로 오지는 않을 것이다.
   car

7. 톰은 아마 자전거로 오지는 않을 것이다.
   bike

8. 톰은 아마 기차로 오지는 않을 것이다.
   train

031

낭·독·하·기 ☐☐☐☐☐ ｜ 암·송·하·기 ○○○○○

It should be *an easy test*.
그것은 쉬운 시험일 것이다.

It shouldn't be *an easy test*.
그것은 쉬운 시험이 아닐 것이다.

우리말 뜻을 참고하여 영어로 표현하세요.

① 그것은 간단한 시험일 것이다.
a simple test

② 그것은 어려운 시험일 것이다.
a difficult test

③ 그것은 까다로운 시험일 것이다.
a tricky test

④ 그것은 중요한 시험일 것이다.
an important test

⑤ 그것은 까다로운 시험이 아닐 것이다.
a tricky test

⑥ 그것은 중요한 시험이 아닐 것이다.
an important test

⑦ 그것은 간단한 시험이 아닐 것이다.
a simple test

⑧ 그것은 어려운 시험이 아닐 것이다.
a difficult test

● tricky 까다로운

Shall we have *lunch* together?
우리 함께 점심 먹을래요?

Shall we have lunch *on Monday*?
우리 월요일에 점심 먹을래요?

우리말 뜻을 참고하여 영어로 표현하세요.

1 우리 함께 갈래요?
go

2 우리 함께 노래 부를래요?
sing

3 우리 함께 연주할래요?
play

4 우리 함께 공부할래요?
study

5 우리 일요일에 점심 먹을래요?
on Sunday

6 우리 언제 점심 먹을래요?
sometime

7 우리 이번 주 언제 점심 먹을래요?
sometime this week

8 우리 오늘 점심 먹을래요?
today

Review

027-032 그림을 보고 영어로 말해 보세요.

UNIT 05 조동사 must

시작   월   일   :
마침   월   일   :

☆ *You* **must** *keep quiet.* (의무, 필요)
(= *You* **have to** *keep quiet.*)
너는 조용히 해야 한다.
You **must not** *keep quiet.*
너는 조용히 해서는 안 된다.
You **don't have to** *keep quiet.*
너는 조용히 하지 않아도 된다.
You **had to** *keep quiet.*
너는 조용히 해야 했다.

'…해야 한다'는 의무를 나타내는 조동사 must는 have to와 그 의미가 비슷합니다. must의 부정문은 내용에 따라 must not(…해서는 안 된다) 또는 don't have to(…할 필요 없다) 중 하나를 씁니다. must의 과거는 had to로 나타냅니다.

☆ *He* **must** *be left-handed.* (강한 추측)
그는 왼손잡이임에 틀림없다.
She **must have arrived** *late.*
그녀는 늦게 도착했음에 틀림없다.

조동사 must에는 '…임에 틀림없다', '…인 것 같다'는 강한 추측의 의미도 있습니다. '…였음에 틀림없다', '…했음에 틀림없다'라는 과거 의미는 「must have+p.p.(과거분사)」의 형태를 씁니다.

We must reduce *waste*.
우리는 쓰레기를 줄여야 한다.

We don't have to reduce *waste*.
우리는 쓰레기를 줄일 필요가 없다.

우리말 뜻을 참고하여 영어로 표현하세요.

① 우리는 음식물 쓰레기를 줄여야 한다.
food waste

② 우리는 종이 쓰레기를 줄여야 한다.
paper waste

③ 우리는 물 낭비를 줄여야 한다.
water waste

④ 우리는 에너지 낭비를 줄여야 한다.
energy waste

⑤ 우리는 물 낭비를 줄일 필요가 없다.
water waste

⑥ 우리는 음식물 쓰레기를 줄일 필요가 없다.
food waste

⑦ 우리는 종이 쓰레기를 줄일 필요가 없다.
paper waste

⑧ 우리는 에너지 낭비를 줄일 필요가 없다.
energy waste

※ We must not reduce waste.라고 쓰면 '우리는 쓰레기를 줄여서는 안 된다'는 의미예요. • waste 쓰레기, 낭비

We must reduce waste *at home*.
우리는 집에서 쓰레기를 줄여야 한다.

Must we reduce waste *at home*?
우리는 집에서 쓰레기를 줄여야 하니?

우리말 뜻을 참고하여 영어로 표현하세요.

1 우리는 학교에서 쓰레기를 줄여야 한다.
at schools

2 우리는 직장에서 쓰레기를 줄여야 한다.
at work

3 우리는 식당에서 쓰레기를 줄여야 한다.
in restaurants

4 우리는 환경을 위해 쓰레기를 줄여야 한다.
for the environment

5 우리는 식당에서 쓰레기를 줄여야 하니?
in restaurants

6 우리는 학교에서 쓰레기를 줄여야 하니?
at schools

7 우리는 직장에서 쓰레기를 줄여야 하니?
at work

8 우리는 환경을 위해 쓰레기를 줄여야 하니?
for the environment

● Work 일하다, 일, 직장

We have to recycle *plastic bottles*.
우리는 플라스틱 병들을 재활용해야 한다.

Do we have to recycle *plastic bottles*?
우리는 플라스틱 병들을 재활용해야 하니?

① 우리는 유리병들을 재활용해야 한다.
glass bottles
_____

② 우리는 깡통들을 재활용해야 한다.
cans
_____

③ 우리는 우유 곽들을 재활용해야 한다.
milk cartons
_____

④ 우리는 신문지들을 재활용해야 한다.
newspapers
_____

⑤ 우리는 우유 곽들을 재활용해야 하니?
milk cartons
_____

⑥ 우리는 신문지들을 재활용해야 하니?
newspapers
_____

⑦ 우리는 유리병들을 재활용해야 하니?
glass bottles
_____

⑧ 우리는 깡통들을 재활용해야 하니?
cans
_____

※ have to는 조동사 must와 그 뜻이 비슷해요.

You had to take off *your* shoes.
너는 신발을 벗어야 했다.

Did *you* have to take off *your* shoes?
너는 신발을 벗어야 했니?

우리말 뜻을 참고하여 영어로 표현하세요.

① 방문객들은 신발을 벗어야 했다.
Visitors/their

② 그녀는 신발을 벗어야 했다.
She/her

③ 앨리스는 신발을 벗어야 했다.
Alice/her

④ 잭은 신발을 벗어야 했다.
Jack/his

⑤ 그녀는 신발을 벗어야 했니?
she/her

⑥ 앨리스는 신발을 벗어야 했니?
Alice/her

⑦ 방문객들은 신발을 벗어야 했니?
visitors/their

⑧ 잭은 신발을 벗어야 했니?
Jack/his

037

You have to be *calm*.
너는 침착해야 한다.

You don't have to be *calm*.
너는 침착할 필요가 없다.

우리말 뜻을 참고하여 영어로 표현하세요.

응용

① 너는 강해야 한다.
strong

② 너는 적극적이어야 한다.
active

③ 너는 조심해야 한다.
careful

④ 너는 지혜로워야 한다.
wise

부정

⑤ 너는 적극적일 필요가 없다.
active

⑥ 너는 조심할 필요가 없다.
careful

⑦ 너는 강할 필요가 없다.
strong

⑧ 너는 지혜로울 필요가 없다.
wise

※ 구어체에서는 must보다 have to를 많이 써요. • calm 침착한

A police officer has to be calm and patient.
경찰관은 침착하고 참을성이 있어야 한다.

Does a police officer have to be calm and patient?
경찰관은 침착하고 참을성이 있어야 하니?

우리말 뜻을 참고하여 영어로 표현하세요.

① 간호사는 침착하고 참을성이 있어야 한다.
A nurse

② 야구 코치는 침착하고 참을성이 있어야 한다.
A baseball coach

③ 의사는 침착하고 참을성이 있어야 한다.
A doctor

④ 선생님은 침착하고 참을성이 있어야 한다.
A teacher

⑤ 의사는 침착하고 참을성이 있어야 하니?
a doctor

⑥ 간호사는 침착하고 참을성이 있어야 하니?
a nurse

⑦ 야구 코치는 침착하고 참을성이 있어야 하니?
a baseball coach

⑧ 선생님은 침착하고 참을성이 있어야 하니?
a teacher

● patient 참을성이 있는

She must be very *angry*.
그녀는 매우 화가 난 게 틀림없다.

He must be very angry.
그는 매우 화가 난 게 틀림없다.

우리말 뜻을 참고하여 영어로 표현하세요.

① 그녀는 매우 피곤한 게 틀림없다.
tired

② 그녀는 매우 만족스러운 게 틀림없다.
satisfied

③ 그녀는 매우 당황한 게 틀림없다.
upset

④ 그녀는 매우 똑똑한 게 틀림없다.
smart

⑤ 올리비아는 매우 화가 난 게 틀림없다.
Olivia

⑥ 그의 엄마는 매우 화가 난 게 틀림없다.
His mom

⑦ 그녀의 아버지는 매우 화가 난 게 틀림없다.
Her father

⑧ 우리 선생님은 매우 화가 난 게 틀림없다.
Our teacher

🌸 satisfied 만족스러운 • upset 당황한

She must be very angry with *me*.
그녀는 내게 매우 화가 난 게 틀림없다.

Steve must be very angry with me.
스티브는 내게 매우 화가 난 게 틀림없다.

우리말 뜻을 참고하여 영어로 표현하세요.

1 그녀는 그에게 매우 화가 난 게 틀림없다.
him

2 그녀는 그녀의 언니에게 매우 화가 난 게 틀림없다.
her sister

3 그녀는 신디에게 매우 화가 난 게 틀림없다.
Cindy

4 그녀는 그녀의 언니 신디에게 매우 화가 난 게 틀림없다.
her sister Cindy

5 그는 내게 매우 화가 난 게 틀림없다.
He

6 내 여자 친구는 내게 매우 화가 난 게 틀림없다.
My girlfriend

7 우리 삼촌은 내게 매우 화가 난 게 틀림없다.
My uncle

8 그들은 내게 매우 화가 난 게 틀림없다.
They

041

Jack must have done **his** homework.
잭은 숙제를 했던 게 틀림없다.

Jack must have ***finished*** his homework.
잭은 숙제를 끝마쳤던 게 틀림없다.

우리말 뜻을 참고하여 영어로 표현하세요.

① 엠마는 숙제를 했던 게 틀림없다.
Emma/her

② 그들은 숙제를 했던 게 틀림없다.
They/their

③ 내 남동생은 숙제를 했던 게 틀림없다.
My brother/his

④ 우리 누나는 숙제를 했던 게 틀림없다.
My sister/her

⑤ 잭은 숙제를 시작했던 게 틀림없다.
begun

⑥ 잭은 숙제를 제출했던 게 틀림없다.
submitted

⑦ 잭은 숙제를 빼먹었던 게 틀림없다.
skipped

⑧ 잭은 숙제를 소홀히 했던 게 틀림없다.
neglected

🌸 must have p.p. …했음에 틀림없다 • neglect 방치하다, 소홀히 하다 - neglected - neglected

It must have been *hard* for her.
그건 그녀에게 힘들었던 게 틀림없다.

It must have been hard for *her brother*.
그건 그녀의 오빠에게 힘들었던 게 틀림없다.

우리말 뜻을 참고하여 영어로 표현하세요.

① 그건 그녀에게 쉬웠던 게 틀림없다.
easy

② 그건 그녀에게 쉬운 문제였던 게 틀림없다.
an easy question

③ 그건 그녀에게 어려웠던 게 틀림없다.
difficult

④ 그건 그녀에게 어려운 문제였던 게 틀림없다.
a difficult question

⑤ 그건 그에게 힘들었던 게 틀림없다.
him

⑥ 그건 올리비아에게 힘들었던 게 틀림없다.
Olivia

⑦ 그건 그의 부모님에게 힘들었던 게 틀림없다.
his parents

⑧ 그건 그녀의 친구 올리비아에게 힘들었던 게 틀림없다.
her friend Olivia

Review

033-042 그림을 보고 영어로 말해 보세요.

UNIT 06 to부정사

시작　월　일　：
마침　월　일　：

☆ *I like* **to study**. (명사)
나는 공부하는 것을 좋아한다.

I don't have books **to read**. (형용사)
나는 읽을 책이 없다.

I'm pleased **to meet** *you*. (부사)
너를 만나니 기쁘다.

부정사(不定詞/infinitive)는 정할 수 없는 품사, 쓰임이 무한한 품사라는 뜻으로 to부정사와 원형부정사가 있습니다. to부정사는 「to+동사원형」의 형태로 문장에서 명사(…하기를, …하는 것), 형용사(…할[하는]), 부사(…하기 위해서, …하기 때문에)의 역할을 합니다.

Tip to부정사를 목적어로 쓰는 동사를 알아볼까요?
- choose to …하기로 선택하다
- hope to …하기를 바라다
- learn to …하는 걸 배우다
- plan to …하기로 계획하다
- want to …하기를 원하다
- decide to …하기로 결정하다
- like to …하는 걸 좋아하다
- need to …할 필요가 있다
- wait to …하려고 기다리다

Emma wants to lose weight.
엠마는 살을 빼고 싶어 한다.

Does Emma want to lose weight?
엠마는 살을 빼고 싶어 하니?

우리말 뜻을 참고하여 영어로 표현하세요.

① 그는 살을 빼고 싶어 한다.
He

② 그녀의 친구는 살을 빼고 싶어 한다.
Her friend

③ 그의 친구들은 살을 빼고 싶어 한다.
His friends

④ 그녀는 살을 빼고 싶어 한다.
She

⑤ 그는 살을 빼고 싶어 하니?
he

⑥ 그녀는 살을 빼고 싶어 하니?
she

⑦ 그녀의 친구는 살을 빼고 싶어 하니?
her friend

⑧ 그의 친구들은 살을 빼고 싶어 하니?
his friends

● lose weight 살이 빠지다, 살을 빼다

She decided to go on a diet.
그녀는 다이어트를 하기로 결심했다.

Did *she* decide to go on a diet?
그녀는 다이어트를 하기로 결심했니?

우리말 뜻을 참고하여 영어로 표현하세요.

① 앨리스는 다이어트를 하기로 결심했다.
　Alice

② 그녀의 엄마는 다이어트를 하기로 결심했다.
　Her mom

③ 그의 누나는 다이어트를 하기로 결심했다.
　His sister

④ 그는 다이어트를 하기로 결심했다.
　He

⑤ 그의 누나는 다이어트를 하기로 결심했니?
　his sister

⑥ 그는 다이어트를 하기로 결심했니?
　he

⑦ 앨리스는 다이어트를 하기로 결심했니?
　Alice

⑧ 그녀의 엄마는 다이어트를 하기로 결심했니?
　her mom

※ go on a diet 다이어트를 하다

045

He *is planning* to travel to Japan.
그는 일본 여행을 계획하고 있다.

He *is not planning* to travel to Japan.
그는 일본 여행을 계획하고 있지 않다.

우리말 뜻을 참고하여 영어로 표현하세요.

시간

① 그는 일본 여행을 계획한다.
현재

② 그는 일본 여행을 계획했다.
과거

③ 그는 일본 여행을 계획하고 있었다.
과거진행

④ 그는 일본 여행을 계획할 것이다.
미래 (will)

부정

⑤ 그는 일본 여행을 계획하지 않았다.
과거

⑥ 그는 일본 여행을 계획하고 있지 않았다.
과거진행

⑦ 그는 일본 여행을 계획하지 않는다.
현재

⑧ 그는 일본 여행을 계획하지 않을 것이다.
미래 (will)

The boy is learning to tie *his* shoes.
그 남자아이는 신발 끈 매는 걸 배우고 있다.

Is the boy learning to tie *his* shoes?
그 남자아이는 신발 끈 매는 걸 배우고 있니?

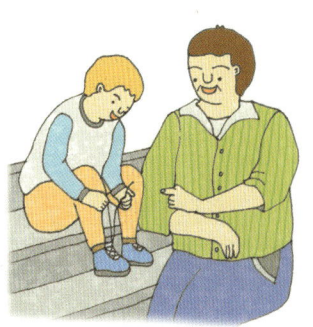

우리말 뜻을 참고하여 영어로 표현하세요.

① 그는 신발 끈 매는 걸 배우고 있다.
He/his

② 그 여자아이는 신발 끈 매는 걸 배우고 있다.
The girl/her

③ 그들은 신발 끈 매는 걸 배우고 있다.
They/their

④ 그녀는 신발 끈 매는 걸 배우고 있다.
She/her

⑤ 그녀는 신발 끈 매는 걸 배우고 있니?
she/her

⑥ 그 여자아이는 신발 끈 매는 걸 배우고 있니?
the girl/her

⑦ 그들은 신발 끈 매는 걸 배우고 있니?
they/their

⑧ 그는 신발 끈 매는 걸 배우고 있니?
he/his

047

I'*m waiting* to cross the street.
나는 길을 건너려고 기다리고 있다.

I'*m not waiting* to cross the street.
나는 길을 건너려고 기다리고 있지 않다.

우리말 뜻을 참고하여 영어로 표현하세요.

① 나는 길을 건너려고 기다렸다.
과거

② 나는 길을 건너려고 기다리고 있었다.
과거진행

③ 나는 길을 건너려고 기다렸다.
현재완료

④ 나는 길을 건너려고 기다릴 것이다.
미래 (be going to)

⑤ 나는 길을 건너려고 기다리지 않았다.
현재완료

⑥ 나는 길을 건너려고 기다리지 않을 것이다.
미래 (be going to)

⑦ 나는 길을 건너려고 기다리지 않았다.
과거

⑧ 나는 길을 건너려고 기다리고 있지 않았다.
과거진행

She likes to have toast for breakfast.
그녀는 아침으로 토스트 먹는 걸 좋아한다.

She doesn't like to have toast for breakfast.
그녀는 아침으로 토스트 먹는 걸 좋아하지 않는다.

우리말 뜻을 참고하여 영어로 표현하세요.

① 그는 아침으로 토스트 먹는 걸 좋아한다.
He

② 우리 가족은 아침으로 토스트 먹는 걸 좋아한다.
My family

③ 나는 아침으로 토스트 먹는 걸 좋아한다.
I

④ 우리는 아침으로 토스트 먹는 걸 좋아한다.
We

⑤ 나는 아침으로 토스트 먹는 걸 좋아하지 않는다.
I

⑥ 우리는 아침으로 토스트 먹는 걸 좋아하지 않는다.
We

⑦ 그는 아침으로 토스트 먹는 걸 좋아하지 않는다.
He

⑧ 우리 가족은 아침으로 토스트 먹는 걸 좋아하지 않는다.
My family

It's time to *go home*.
집에 갈 시간이다.

Is it time to *go home*?
집에 갈 시간이니?

우리말 뜻을 참고하여 영어로 표현하세요.

1 잠잘 시간이다.
go to bed

2 일어날 시간이다.
wake up

3 식사할 시간이다.
eat

4 떠날 시간이다.
leave

5 잠잘 시간이니?
go to bed

6 떠날 시간이니?
leave

7 일어날 시간이니?
wake up

8 식사할 시간이니?
eat

● to부정사가 형용사처럼 time을 꾸며 '…할 시간'이 됐어요. ● wake up 잠에서 깨다, 일어나다

Jack has things to do *before Friday*.
잭은 금요일 전에 해야 할 일들이 있다.

Does Jack have things to do *before Friday*?
잭은 금요일 전에 해야 할 일들이 있니?

우리말 뜻을 참고하여 영어로 표현하세요.

① 잭은 내일 해야 할 일들이 있다.
tomorrow

② 잭은 방학 동안 해야 할 일들이 있다.
during his vacation

③ 잭은 주말에 해야 할 일들이 있다.
on the weekend

④ 잭은 아침에 해야 할 일들이 있다.
in the morning

⑤ 잭은 주말에 해야 할 일들이 있니?
on the weekend

⑥ 잭은 방학 동안 해야 할 일들이 있니?
during his vacation

⑦ 잭은 내일 해야 할 일들이 있니?
tomorrow

⑧ 잭은 아침에 해야 할 일들이 있니?
in the morning

● things to do 해야 할 일들

I have given Jack a book to read.
내가 잭에게 읽을 책을 줬다.

I have not given Jack a book to read.
나는 잭에게 읽을 책을 주지 않았다.

우리말 뜻을 참고하여 영어로 표현하세요.

① 그가 잭에게 읽을 책을 줬다.
He

② 그녀가 잭에게 읽을 책을 줬다.
She

③ 잭의 아빠가 잭에게 읽을 책을 줬다.
Jack's dad

④ 그들이 잭에게 읽을 책을 줬다.
They

⑤ 그녀는 잭에게 읽을 책을 주지 않았다.
She

⑥ 잭의 아빠는 잭에게 읽을 책을 주지 않았다.
Jack's dad

⑦ 그는 잭에게 읽을 책을 주지 않았다.
He

⑧ 그들은 잭에게 읽을 책을 주지 않았다.
They

● **a book to read** 읽을 (만한) 책

낭·독·하·기 ☐☐☐☐☐ 암·송·하·기 ○○○○○

Emma runs twice a week to keep fit.
엠마는 건강을 유지하기 위해 일주일에 두 번 달리기를 한다.

Does Emma run twice a week to keep fit?
엠마는 건강을 유지하기 위해 일주일에 두 번 달리기를 하니?

우리말 뜻을 참고하여 영어로 표현하세요.

① 그녀는 건강을 유지하기 위해 일주일에 두 번 달리기를 한다.
She

② 짐은 건강을 유지하기 위해 일주일에 두 번 달리기를 한다.
Jim

③ 그의 형은 건강을 유지하기 위해 일주일에 두 번 달리기를 한다.
His brother

④ 그들은 건강을 유지하기 위해 일주일에 두 번 달리기를 한다.
They

⑤ 짐은 건강을 유지하기 위해 일주일에 두 번 달리기를 하니?
Jim

⑥ 그녀는 건강을 유지하기 위해 일주일에 두 번 달리기를 하니?
she

⑦ 그들은 건강을 유지하기 위해 일주일에 두 번 달리기를 하니?
they

⑧ 그의 형은 건강을 유지하기 위해 일주일에 두 번 달리기를 하니?
his brother

✹ to부정사가 행위(run)의 목적을 나타내요. • keep fit 건강을 유지하다

053

He ***went*** to the library to borrow some books.
그는 책을 좀 빌리려고 도서관에 갔다.

Did he ***go*** to the library to borrow some books?
그는 책을 좀 빌리려고 도서관에 갔니?

우리말 뜻을 참고하여 영어로 표현하세요.

① 그는 책을 좀 빌리려고 도서관에 가고 있다.
현재진행

② 그는 책을 좀 빌리려고 도서관에 간다.
현재

③ 그는 책을 좀 빌리려고 도서관에 갔다.
현재완료

④ 그는 책을 좀 빌리려고 도서관에 갈 것이다.
미래 (will)

⑤ 그는 책을 좀 빌리려고 도서관에 가니?
현재

⑥ 그는 책을 좀 빌리려고 도서관에 갔니?
현재완료

⑦ 그는 책을 좀 빌리려고 도서관에 갈 거니?
미래 (will)

⑧ 그는 책을 좀 빌리려고 도서관에 가고 있니?
현재진행

She asked me to *wash the dishes*.
그녀는 내게 설거지를 부탁했다.

She didn't ask me to *wash the dishes*.
그녀는 내게 설거지를 부탁하지 않았다.

우리말 뜻을 참고하여 영어로 표현하세요.

① 그녀는 내게 바닥 청소를 부탁했다.
clean the floor

② 그녀는 내게 빨래를 부탁했다.
do the laundry

③ 그녀는 내게 텔레비전을 켜달라고 부탁했다.
turn on the TV

④ 그녀는 내게 텔레비전을 꺼달라고 부탁했다.
turn off the TV

⑤ 그녀는 내게 텔레비전을 켜달라고 부탁하지 않았다.
turn on the TV

⑥ 그녀는 내게 텔레비전을 꺼달라고 부탁하지 않았다.
turn off the TV

⑦ 그녀는 내게 빨래를 부탁하지 않았다.
do the laundry

⑧ 그녀는 내게 바닥 청소를 부탁하지 않았다.
clean the floor

● 「ask A to부정사」 A에게 ~을(~해 달라고) 부탁하다

Jim *invited* her to have dinner.
짐은 그녀를 저녁 식사하자고 초대했다.

Did Jim *invite* her to have dinner?
짐이 그녀를 저녁 식사하자고 초대했니?

우리말 뜻을 참고하여 영어로 표현하세요.

① 짐은 그녀를 저녁 식사하자고 초대한다.
현재

② 짐은 그녀를 저녁 식사하자고 초대할 것이다.
미래 (will)

③ 짐은 그녀를 저녁 식사하자고 초대했다.
현재완료

④ 짐은 그녀를 저녁 식사하자고 초대할 것이다.
미래 (be going to)

⑤ 짐이 그녀를 저녁 식사하자고 초대할까?
미래 (will)

⑥ 짐이 그녀를 저녁 식사하자고 초대했니?
현재완료

⑦ 짐이 그녀를 저녁 식사하자고 초대하니?
현재

⑧ 짐이 그녀를 저녁 식사하자고 초대할까?
미래 (be going to)

Review

043-055 그림을 보고 영어로 말해 보세요.

UNIT 07
원형부정사

시작 월 일 :
마침 월 일 :

☆ ***My dad*** **made** *me* **study** *hard.* (사역동사 – 원형부정사)
우리 아빠는 내가 열심히 공부하게 했다.

I **heard** *my sister* **play** *the piano.* (지각동사 – 원형부정사)
나는 우리 언니가 피아노를 연주하는 것을 들었다.

원형부정사는 동사 앞에 to를 붙이지 않고 동사원형만 쓰는 것입니다. 원형부정사는 사역동사와 지각동사의 목적어를 보충하는 말(목적격 보어)로 주로 쓰입니다.

 사역동사와 지각동사란 무엇인가요?
- 사역동사의 사역(使役)이란 '시키다'라는 의미예요.
  make / have / let 누구에게 …을 하게 하다
- 지각동사의 지각(知覺)이란 '보다, 듣다, 느끼다' 등 신체의 감각이 깨닫는 것을 말해요.
  see 보다   hear 듣다   feel 느끼다

The teacher has made *him* do *his* homework.
그 선생님은 그가 숙제를 하게 했다.

Has the teacher made *him* do *his* homework?
선생님은 그가 숙제를 하게 했니?

우리말 뜻을 참고하여 영어로 표현하세요.

① 그 선생님은 그녀가 숙제를 하게 했다.
her/her
----

② 그 선생님은 톰이 숙제를 하게 했다.
Tom/his
----

③ 그 선생님은 그들이 숙제를 하게 했다.
them/their
----

④ 그 선생님은 엠마가 숙제를 하게 했다.
Emma/her
----

⑤ 그 선생님은 그녀가 숙제를 하게 했니?
her/her
----

⑥ 그 선생님은 엠마가 숙제를 하게 했니?
Emma/her
----

⑦ 그 선생님은 톰이 숙제를 하게 했니?
Tom/his
----

⑧ 그 선생님은 그들이 숙제를 하게 했니?
them/their

I had him *fix* the door.
나는 그에게 문을 고치게 했다.

I had him fix the *computer*.
나는 그에게 컴퓨터를 고치게 했다.

우리말 뜻을 참고하여 영어로 표현하세요.

1 나는 그에게 문을 열게 했다.
open

2 나는 그에게 문을 닫게 했다.
close

3 나는 그에게 문을 칠하게 했다.
paint

4 나는 그에게 문을 노크하게 했다.
knock on

5 나는 그에게 의자를 고치게 했다.
chair

6 나는 그에게 진공청소기를 고치게 했다.
vacuum cleaner

7 나는 그에게 식기세척기를 고치게 했다.
dishwasher

8 나는 그에게 전자레인지를 고치게 했다.
microwave

● have …하도록 하다[시키다] ● fix 고치다

058

I'll let *him* use my laptop.
나는 그가 내 노트북 컴퓨터를 사용하게 할 것이다.

I won't let *him* use my laptop.
나는 그가 내 노트북 컴퓨터를 사용하게 하지 않을 것이다.

우리말 뜻을 참고하여 영어로 표현하세요.

① 나는 그녀가 내 노트북 컴퓨터를 사용하게 할 것이다.
her

② 나는 잭이 내 노트북 컴퓨터를 사용하게 할 것이다.
Jack

③ 나는 내 친구들이 내 노트북 컴퓨터를 사용하게 할 것이다.
my friends

④ 나는 그들이 내 노트북 컴퓨터를 사용하게 할 것이다.
them

⑤ 나는 잭이 내 노트북 컴퓨터를 사용하게 하지 않을 것이다.
Jack

⑥ 나는 그녀가 내 노트북 컴퓨터를 사용하게 하지 않을 것이다.
her

⑦ 나는 그들이 내 노트북 컴퓨터를 사용하게 하지 않을 것이다.
them

⑧ 나는 내 친구들이 내 노트북 컴퓨터를 사용하게 하지 않을 것이다.
my friends

● let …을 하게 하다, …을 하도록 허락하다 ● won't는 will not의 줄임말이에요.

I saw him *jog* in the park.
나는 그가 공원에서 조깅하는 것을 보았다.

I saw *my brother* jog in the park.
나는 우리 형이 공원에서 조깅하는 것을 보았다.

우리말 뜻을 참고하여 영어로 표현하세요.

1. 나는 그가 공원에서 산책하는 것을 보았다.
   walk

2. 나는 그가 공원에서 달리는 것을 보았다.
   run

3. 나는 그가 공원에서 배드민턴을 하는 것을 보았다.
   play badminton

4. 나는 그가 공원에서 농구를 하는 것을 보았다.
   play basketball

5. 나는 그녀가 공원에서 조깅하는 것을 보았다.
   her

6. 나는 우리 부모님이 공원에서 조깅하는 것을 보았다.
   my parents

7. 나는 내 친구가 공원에서 조깅하는 것을 보았다.
   my friend

8. 나는 톰이 공원에서 조깅하는 것을 보았다.
   Tom

He heard *someone* run out the door.
그는 누군가가 문 밖으로 달려 나가는 소리를 들었다.

He didn't hear *someone* run out the door.
그는 누군가가 문 밖으로 달려 나가는 소리를 듣지 못했다.

① 그는 그녀가 문 밖으로 달려 나가는 소리를 들었다.
her

② 그는 엠마가 문 밖으로 달려 나가는 소리를 들었다.
Emma

③ 그는 아이들이 문 밖으로 달려 나가는 소리를 들었다.
the children

④ 그는 그의 형이 문 밖으로 달려 나가는 소리를 들었다.
his brother

⑤ 그는 엠마가 문 밖으로 달려 나가는 소리를 듣지 못했다.
Emma

⑥ 그는 그의 형이 문 밖으로 달려 나가는 소리를 듣지 못했다.
his brother

⑦ 그는 그녀가 문 밖으로 달려 나가는 소리를 듣지 못했다.
her

⑧ 그는 아이들이 문 밖으로 달려 나가는 소리를 듣지 못했다.
the children

Review

056-060 그림을 보고 영어로 말해 보세요.

GRAMMAR POINT 1

to부정사를 목적어로 쓰는 동사

❶ choose 선택하다
We chose to ignore it. 우리는 그것을 무시하기로 택했다.

❷ decide 결정하다
She decided not to go to the party. 그녀는 파티에 가지 않기로 결정했다.

❸ forget 잊다
I forgot to lock the door. 나는 문을 잠그는 것을 잊었다.

❹ learn 배우다
I learned to speak Spanish. 나는 스페인어를 배웠다.

❺ like 좋아하다
Sam likes to read. 샘은 읽기를 좋아한다.

❻ love 무척 ~하고 싶다, 무척 ~하는 걸 좋아하다
We love to scuba dive. 우리는 스쿠버 다이빙을 무척 하고 싶다./우리는 스쿠버 다이빙 하는 걸 무척 좋아한다.

❼ plan 계획하다
They planned to go to Europe. 우리는 유럽에 가는 것을 계획했다.

❽ prefer ~을 더 좋아하다
He prefers to eat at the Italian restaurant. 그는 이탈리아 식당에서 먹는 것을 더 좋아한다.

❾ agree 동의하다
Sarah agreed to help me. 사라는 나를 돕는 것에 동의했다.

❿ promise 약속하다
She promised to stop smoking. 그녀는 담배를 끊기로 약속했다.

⓫ want 원하다
I want to study Chinese. 나는 중국어를 공부하고 싶다.

UNIT 08

시작 월 일 :
마침 월 일 :

☆ **It** is easy **to** make friends.
   친구를 사귀는 것은 쉽다.

   It is a good idea **to** raise a puppy.
   강아지를 기르는 것은 좋은 생각이다.

   '~하는 것은 …하다', '~하는 것은 …이다'라고 말할 때는 흔히 「It is+형용사+to부정사」 또는 「It is+명사(표현)+to부정사」의 형태를 사용합니다. 이때 It은 의미가 없는 가짜 주어입니다.

☆ **It** is easy <u>for me</u> **to** make new friends.
   새 친구를 사귀는 것은 나에게 쉽다.

   문장에서 동작을 하는 진짜 주어를 「for+명사[대명사]」 형태로 to부정사 앞에 씁니다.

☆ **It** was wise <u>of you</u> **to** stay home.
   네가 집에 머물기로 한 것은 현명했다.

   사람의 성격을 나타내는 형용사에 대한 진짜 주어는 「of+명사[대명사]」로 나타냅니다.

 사람의 성격이나 특성을 나타내는 형용사를 알아볼까요?
- careless 부주의한
- clever 영리한
- wise 현명한
- good/kind/nice 친절한
- polite 공손한
- rude 무례한
- silly 어리석은

It is fun to make *bread*.
빵을 만드는 것은 재미있다.

Is it fun to make *bread*?
빵을 만드는 것은 재미있니?

우리말 뜻을 참고하여 영어로 표현하세요.

① 스파게티를 만드는 것은 재미있다.
spaghetti

② 케이크를 만드는 것은 재미있다.
a cake

③ 요구르트를 만드는 것은 재미있다.
yogurt

④ 종이비행기를 만드는 것은 재미있다.
a paper airplane

⑤ 스파게티를 만드는 것은 재미있니?
spaghetti

⑥ 요구르트를 만드는 것은 재미있니?
yogurt

⑦ 종이비행기를 만드는 것은 재미있니?
a paper airplane

⑧ 케이크를 만드는 것은 재미있니?
a cake

It's a good idea to join *a club*.
클럽에 가입하는 것은 좋은 생각이다.

It isn't a good idea to join *a club*.
클럽에 가입하는 것은 좋은 생각이 아니다.

우리말 뜻을 참고하여 영어로 표현하세요.

① 공부 모임에 가입하는 것은 좋은 생각이다.
a study group

② 소모임에 가입하는 것은 좋은 생각이다.
a small group

③ 합창단에 가입하는 것은 좋은 생각이다.
a choir

④ 헬스클럽에 가입하는 것은 좋은 생각이다.
a gym

⑤ 합창단에 가입하는 것은 좋은 생각이 아니다.
a choir

⑥ 공부 모임에 가입하는 것은 좋은 생각이 아니다.
a study group

⑦ 소모임에 가입하는 것은 좋은 생각이 아니다.
a small group

⑧ 헬스클럽에 가입하는 것은 좋은 생각이 아니다.
a gym

● join 가입하다, 다니다 ● gym (학교 등의) 체육관, 헬스클럽

063

It is hard to *memorize* sentences.
문장들을 암기하는 것은 어렵다.

It isn't hard to *memorize* sentences.
문장들을 암기하는 것은 어렵지 않다.

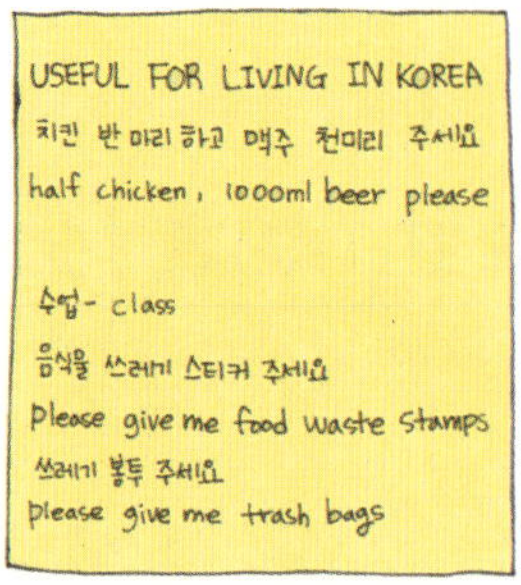

> USEFUL FOR LIVING IN KOREA
> 치킨 반 마리 하고 맥주 천미리 주세요
> half chicken, 1000ml beer please
>
> 수업 - class
> 음식물 쓰레기 스티커 주세요
> Please give me food waste stamps
> 쓰레기 봉투 주세요
> Please give me trash bags

우리말 뜻을 참고하여 영어로 표현하세요.

응용

① 문장들을 쓰는 것은 어렵다.
write

② 문장들을 읽는 것은 어렵다.
read

③ 문장들을 만드는 것은 어렵다.
build

④ 문장들을 타이핑 하는 것은 어렵다.
type

부정

⑤ 문장들을 쓰는 것은 어렵지 않다.
write

⑥ 문장들을 읽는 것은 어렵지 않다.
read

⑦ 문장들을 타이핑 하는 것은 어렵지 않다.
type

⑧ 문장들을 만드는 것은 어렵지 않다.
build

🌸 memorize 암기하다 • build (문장을) 만들다

It's hard for **Tom** to memorize sentences.
톰은 문장들을 암기하는 게 어렵다.

Is it hard for **Tom** to memorize sentences?
톰은 문장들을 암기하는 게 어렵니?

우리말 뜻을 참고하여 영어로 표현하세요.

① 그녀는 문장들을 암기하는 게 어렵다.
   her

② 그들은 문장들을 암기하는 게 어렵다.
   them

③ 그는 문장들을 암기하는 게 어렵다.
   him

④ 잭은 문장들을 암기하는 게 어렵다.
   Jack

⑤ 그는 문장들을 암기하는 게 어렵니?
   him

⑥ 그녀는 문장들을 암기하는 게 어렵니?
   her

⑦ 잭은 문장들을 암기하는 게 어렵니?
   Jack

⑧ 그들은 문장들을 암기하는 게 어렵니?
   them

065

It is normal to feel *nervous*.
불안한 것은 정상이다.

It isn't normal to feel *nervous*.
불안한 것은 정상이 아니다.

우리말 뜻을 참고하여 영어로 표현하세요.

① 피곤한 것은 정상이다.
tired
_____

② 배고픈 것은 정상이다.
hungry
_____

③ 기분이 나쁜 것은 정상이다.
bad
_____

④ 스트레스를 받는 것은 정상이다.
stressed
_____

⑤ 스트레스를 받는 것은 정상이 아니다.
stressed
_____

⑥ 배고픈 것은 정상이 아니다.
hungry
_____

⑦ 피곤한 것은 정상이 아니다.
tired
_____

⑧ 기분이 나쁜 것은 정상이 아니다.
bad
_____

● feel (감정·기분이) 들다

낭·독·하·기 ☐☐☐☐☐☐ 암·송·하·기 ○○○○○

It is normal to feel nervous before *a test*.
시험을 앞두고 불안한 것은 정상이다.

Is it normal to feel nervous before *a test*?
시험을 앞두고 불안한 것은 정상이니?

우리말 뜻을 참고하여 영어로 표현하세요.

① 시험을 앞두고 불안한 것은 정상이다.
   an exam

② 면접을 앞두고 불안한 것은 정상이다.
   an interview

③ 연설을 앞두고 불안한 것은 정상이다.
   a speech

④ 발표를 앞두고 불안한 것은 정상이다.
   a presentation

⑤ 면접을 앞두고 불안한 것은 정상이니?
   an interview

⑥ 연설을 앞두고 불안한 것은 정상이니?
   a speech

⑦ 시험을 앞두고 불안한 것은 정상이니?
   an exam

⑧ 발표를 앞두고 불안한 것은 정상이니?
   a presentation

067

It is rude to *stare*.
빤히 쳐다보는 것은 실례이다.

It is not rude to *stare*.
빤히 쳐다보는 것은 실례가 아니다.

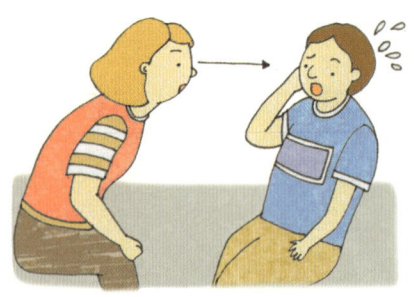

우리말 뜻을 참고하여 영어로 표현하세요.

① 그렇게 말하는 것은 실례이다.
talk like that
_____

② 말대꾸를 하는 것은 실례이다.
talk back
_____

③ 하품을 하는 것은 실례이다.
yawn
_____

④ 말을 가로막는 것은 실례이다.
interrupt
_____

⑤ 하품을 하는 것은 실례가 아니다.
yawn
_____

⑥ 말대꾸를 하는 것은 실례가 아니다.
talk back
_____

⑦ 말을 가로막는 것은 실례가 아니다.
interrupt
_____

⑧ 그렇게 말하는 것은 실례가 아니다.
talk like that
_____

🔴 interrupt (말·행동을) 방해하다, 가로막다

It was rude of *her* to stare at you.
그녀가 너를 빤히 쳐다보는 것은 실례였다.

Was it rude of *her* to stare at you?
그녀가 너를 빤히 쳐다보는 것은 실례였니?

우리말 뜻을 참고하여 영어로 표현하세요.

① 그가 너를 빤히 쳐다보는 것은 실례였다.
him
_____

② 그들이 너를 빤히 쳐다보는 것은 실례였다.
them
_____

③ 그 남자아이가 너를 빤히 쳐다보는 것은 실례였다.
the boy
_____

④ 올리비아가 너를 빤히 쳐다보는 것은 실례였다.
Olivia
_____

⑤ 그 남자아이가 너를 빤히 쳐다보는 것은 실례였니?
the boy
_____

⑥ 그가 너를 빤히 쳐다보는 것은 실례였니?
him
_____

⑦ 올리비아가 너를 빤히 쳐다보는 것은 실례였니?
Olivia
_____

⑧ 그들이 너를 빤히 쳐다보는 것은 실례였니?
them
_____

● stare at …을 빤히 쳐다보다

069

It is impossible to master *English* in a year.
1년 만에 영어를 완전히 익히는 것은 불가능하다.

Is it impossible to master *English* in a year?
1년 만에 영어를 완전히 익히는 것은 불가능하니?

우리말 뜻을 참고하여 영어로 표현하세요.

① 1년 만에 불어를 완전히 익히는 것은 불가능하다.
French

② 1년 만에 네덜란드어를 완전히 익히는 것은 불가능하다.
Dutch

③ 1년 만에 이탈리아어를 완전히 익히는 것은 불가능하다.
Italian

④ 1년 만에 러시아어를 완전히 익히는 것은 불가능하다.
Russian

⑤ 1년 만에 이탈리아어를 완전히 익히는 것은 불가능하니?
Italian

⑥ 1년 만에 불어를 완전히 익히는 것은 불가능하니?
French

⑦ 1년 만에 네덜란드어를 완전히 익히는 것은 불가능하니?
Dutch

⑧ 1년 만에 러시아어를 완전히 익히는 것은 불가능하니?
Russian

It was his first time to taste a real *mango*.
그는 처음 진짜 망고를 맛본 거였다.

Was it his first time to taste a real *mango*?
그는 처음 진짜 망고를 맛본 거였니?

우리말 뜻을 참고하여 영어로 표현하세요.

① 그는 처음 진짜 멜론을 맛본 거였다.
melon

② 그는 처음 진짜 올리브를 맛본 거였다.
olive

③ 그는 처음 진짜 체리를 맛본 거였다.
cherry

④ 그는 처음 진짜 파인애플을 맛본 거였다.
pineapple

⑤ 그는 처음 진짜 파인애플을 맛본 거였니?
pineapple

⑥ 그는 처음 진짜 체리를 맛본 거였니?
cherry

⑦ 그는 처음 진짜 올리브를 맛본 거였니?
olive

⑧ 그는 처음 진짜 멜론을 맛본 거였니?
melon

Review

061-070 그림을 보고 영어로 말해 보세요.

UNIT 09

동명사 - 동사의 목적어

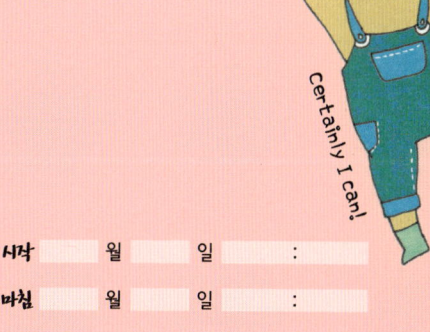

시작　　월　　일　　：
마침　　월　　일　　：

☆ *I enjoy + play basketball* (✗ 한 문장에 동사는 한 개만!)
→ *I enjoy **playing** basketball.*
나는 농구하는 것을 좋아한다.

동명사(動名詞)는 동사를 「동사원형+-ing」로 바꿔 문장에서 명사처럼 쓰이게 하는 것입니다. '…하기, …하는 것' 등이 의미입니다.

 동명사를 목적어로 쓰는 동사들을 알아볼까요?
- appreciate -ing 감사하다
- discuss -ing 논의하다
- hate -ing 싫어하다
- like -ing 좋아하다
- practice -ing 연습하다
- consider -ing 고려하다
- enjoy -ing 좋아하다, 즐기다
- imagine -ing 상상하다
- mind -ing 마음을 쓰다
- quit -ing 관두다
- deny -ing 거절하다
- finish -ing 끝내다
- keep (on) -ing 계속하다
- postpone -ing 연기하다
- stop -ing 그만두다

071

He enjoys *watching movies*.
그는 영화 보는 것을 좋아한다.

He doesn't enjoy *watching movies*.
그는 영화 보는 것을 좋아하지 않는다.

우리말 뜻을 참고하여 영어로 표현하세요.

① 그는 축구하는 것을 좋아한다.
playing soccer

② 그는 농구하는 것을 좋아한다.
playing basketball

③ 그는 자전거 타는 것을 좋아한다.
riding a bike

④ 그는 오토바이 타는 것을 좋아한다.
riding a motorcycle

⑤ 그는 자전거 타는 것을 좋아하지 않는다.
riding a bike

⑥ 그는 오토바이 타는 것을 좋아하지 않는다.
riding a motorcycle

⑦ 그는 축구하는 것을 좋아하지 않는다.
playing soccer

⑧ 그는 농구하는 것을 좋아하지 않는다.
playing basketball

He enjoys watching movies with *his* friends.
그는 친구들이랑 영화 보는 것을 좋아한다.

Does he enjoy watching movies with *his* friends?
그는 친구들이랑 영화 보는 것을 좋아하니?

우리말 뜻을 참고하여 영어로 표현하세요.

① 그녀는 친구들이랑 영화 보는 것을 좋아한다.
She/her

② 톰은 친구들이랑 영화 보는 것을 좋아한다.
Tom/his

③ 십대들은 친구들이랑 영화 보는 것을 좋아한다.
Teens/their

④ 그녀의 언니는 친구들이랑 영화 보는 것을 좋아한다.
Her sister/her

⑤ 톰은 친구들이랑 영화 보는 것을 좋아하니?
Tom/his

⑥ 십대들은 친구들이랑 영화 보는 것을 좋아하니?
teens/their

⑦ 그녀는 친구들이랑 영화 보는 것을 좋아하니?
she/her

⑧ 그녀의 언니는 친구들이랑 영화 보는 것을 좋아하니?
her sister/her

073

She likes knitting *scarves*.
그녀는 목도리 뜨는 것을 좋아한다.

She doesn't like knitting *scarves*.
그녀는 목도리 뜨는 것을 좋아하지 않는다.

우리말 뜻을 참고하여 영어로 표현하세요.

① 그녀는 장갑 뜨는 것을 좋아한다.
gloves

② 그녀는 스웨터 뜨는 것을 좋아한다.
sweaters

③ 그녀는 조끼 뜨는 것을 좋아한다.
vests

④ 그녀는 모자 뜨는 것을 좋아한다.
hats

⑤ 그녀는 스웨터 뜨는 것을 좋아하지 않는다.
sweaters

⑥ 그녀는 조끼 뜨는 것을 좋아하지 않는다.
vests

⑦ 그녀는 장갑 뜨는 것을 좋아하지 않는다.
gloves

⑧ 그녀는 모자 뜨는 것을 좋아하지 않는다.
hats

● like는 to부정사가 목적어로 올 수도 있어요. • scarf – scarves 목도리(복수형태에 주의하세요.)

She liked knitting scarves for her family.
그녀는 가족을 위해 목도리 뜨는 것을 좋아했다.

Did she like knitting scarves for her family?
그녀는 가족을 위해 목도리 뜨는 것을 좋아했니?

우리말 뜻을 참고하여 영어로 표현하세요.

① 그의 할머니는 가족을 위해 목도리 뜨는 것을 좋아했다.
His grandma

② 엠마는 가족을 위해 목도리 뜨는 것을 좋아했다.
Emma

③ 그 여자는 가족을 위해 목도리 뜨는 것을 좋아했다.
The woman

④ 그의 어머니는 가족을 위해 목도리 뜨는 것을 좋아했다.
His mother

⑤ 그 여자는 가족을 위해 목도리 뜨는 것을 좋아했니?
the woman

⑥ 그의 어머니는 가족을 위해 목도리 뜨는 것을 좋아했니?
his mother

⑦ 그의 할머니는 가족을 위해 목도리 뜨는 것을 좋아했니?
his grandma

⑧ 엠마는 가족을 위해 목도리 뜨는 것을 좋아했니?
Emma

I like collecting *things*.
나는 물건을 수집하는 것을 좋아한다.

I don't like collecting *things*.
나는 물건을 수집하는 것을 좋아하지 않는다.

우리말 뜻을 참고하여 영어로 표현하세요.

① 나는 우표를 수집하는 것을 좋아한다.
stamps

② 나는 동전을 수집하는 것을 좋아한다.
coins

③ 나는 만화책을 수집하는 것을 좋아한다.
comic books

④ 나는 모형 자동차를 수집하는 것을 좋아한다.
miniature cars

⑤ 나는 만화책을 수집하는 것을 좋아하지 않는다.
comic books

⑥ 나는 모형 자동차를 수집하는 것을 좋아하지 않는다.
miniature cars

⑦ 나는 우표를 수집하는 것을 좋아하지 않는다.
stamps

⑧ 나는 동전을 수집하는 것을 좋아하지 않는다.
coins

Alice hates cleaning the house.
앨리스는 집을 청소하는 것을 싫어한다.

Does Alice hate cleaning the house?
앨리스는 집을 청소하는 것을 싫어하니?

우리말 뜻을 참고하여 영어로 표현하세요.

① 그녀는 집을 청소하는 것을 싫어한다.
She

② 그들은 집을 청소하는 것을 싫어한다.
They

③ 그의 엄마는 집을 청소하는 것을 싫어한다.
His mom

④ 아이들은 집을 청소하는 것을 싫어한다.
Kids

⑤ 그의 엄마는 집을 청소하는 것을 싫어하니?
his mom

⑥ 그녀는 집을 청소하는 것을 싫어하니?
she

⑦ 그들은 집을 청소하는 것을 싫어하니?
they

⑧ 아이들은 집을 청소하는 것을 싫어하니?
kids

● hate는 to부정사가 목적어로 올 수도 있어요.

She kept practicing *the piano*.
그녀는 피아노 연습하는 것을 계속했다.

Did she keep practicing *the piano*?
그녀는 피아노 연습하는 것을 계속했니?

우리말 뜻을 참고하여 영어로 표현하세요.

1 그녀는 첼로 연습하는 것을 계속했다.
the cello
_____

2 그녀는 바이올린 연습하는 것을 계속했다.
the violin
_____

3 그녀는 테니스 연습하는 것을 계속했다.
tennis
_____

4 그녀는 그리기 연습하는 것을 계속했다.
drawing
_____

5 그녀는 테니스 연습하는 것을 계속했니?
tennis
_____

6 그녀는 그리기 연습하는 것을 계속했니?
drawing
_____

7 그녀는 첼로 연습하는 것을 계속했니?
the cello
_____

8 그녀는 바이올린 연습하는 것을 계속했니?
the violin
_____

★ keep (on) 계속해서 …하다

Jack keeps talking about his *girlfriend*.
잭은 자기 여자친구에 대해 계속 말한다.

Jack doesn't keep talking about his *girlfriend*.
잭은 자기 여자친구에 대해 계속 말하지 않는다.

우리말 뜻을 참고하여 영어로 표현하세요.

1. 잭은 자기 선생님에 대해 계속 말한다.
   teacher

2. 잭은 자기 스마트폰에 대해 계속 말한다.
   smartphone

3. 잭은 자기 계획에 대해 계속 말한다.
   plan

4. 잭은 자기 취미들에 대해 계속 말한다.
   hobbies

5. 잭은 자기 계획에 대해 계속 말하지 않는다.
   plan

6. 잭은 자기 취미들에 대해 계속 말하지 않는다.
   hobbies

7. 잭은 자기 선생님에 대해 계속 말하지 않는다.
   teacher

8. 잭은 자기 스마트폰에 대해 계속 말하지 않는다.
   smartphone

079

I have stopped keeping a diary.
나는 일기 쓰는 것을 그만뒀다.

I haven't stopped keeping a diary.
나는 일기 쓰는 것을 그만두지 않았다.

우리말 뜻을 참고하여 영어로 표현하세요.

① 그녀는 일기 쓰는 것을 그만뒀다.
She

② 헨리는 일기 쓰는 것을 그만뒀다.
Henry

③ 내 남동생은 일기 쓰는 것을 그만뒀다.
My little brother

④ 우리 큰 형은 일기 쓰는 것을 그만뒀다.
My big brother

⑤ 내 남동생은 일기 쓰는 것을 그만두지 않았다.
My little brother

⑥ 그녀는 일기 쓰는 것을 그만두지 않았다.
She

⑦ 헨리는 일기 쓰는 것을 그만두지 않았다.
Henry

⑧ 우리 큰 형은 일기 쓰는 것을 그만두지 않았다.
My big brother

● 「stop+동명사」…하는 것을 그만두다 • 「stop+to부정사」…하기 위해 멈추다 • keep a diary 일기를 쓰다

She has finished writing *an essay*.
그녀는 에세이 쓰는 것을 끝냈다.

Has she finished writing *an essay*?
그녀는 에세이 쓰는 것을 끝냈니?

우리말 뜻을 참고하여 영어로 표현하세요.

1 그녀는 보고서 쓰는 것을 끝냈다.
a report

2 그녀는 시 쓰는 것을 끝냈다.
a poem

3 그녀는 편지 쓰는 것을 끝냈다.
a letter

4 그녀는 소설 쓰는 것을 끝냈다.
a novel

5 그녀는 편지 쓰는 것을 끝냈니?
a letter

6 그녀는 소설 쓰는 것을 끝냈니?
a novel

7 그녀는 보고서 쓰는 것을 끝냈니?
a report

8 그녀는 시 쓰는 것을 끝냈니?
a poem

081

Tom imagines traveling to *Europe*.
톰은 유럽 여행하는 것을 상상한다.

Tom doesn't imagine traveling to *Europe*.
톰은 유럽 여행하는 것을 상상하지 않는다.

우리말 뜻을 참고하여 영어로 표현하세요.

1 톰은 중국 여행하는 것을 상상한다.
China

2 톰은 일본 여행하는 것을 상상한다.
Japan

3 톰은 아프리카 여행하는 것을 상상한다.
Africa

4 톰은 알래스카 여행하는 것을 상상한다.
Alaska

5 톰은 일본 여행하는 것을 상상하지 않는다.
Japan

6 톰은 아프리카 여행하는 것을 상상하지 않는다.
Africa

7 톰은 중국 여행하는 것을 상상하지 않는다.
China

8 톰은 알래스카 여행하는 것을 상상하지 않는다.
Alaska

Tom sometimes *imagines* traveling around the world.
톰은 가끔 세계 일주하는 것을 상상한다.

Does Tom sometimes *imagine* traveling around the world?
톰은 가끔 세계 일주하는 것을 상상하니?

우리말 뜻을 참고하여 영어로 표현하세요.

1 그녀는 가끔 세계 일주하는 것을 상상한다.
She

2 그는 가끔 세계 일주하는 것을 상상한다.
He

3 그들은 가끔 세계 일주하는 것을 상상한다.
They

4 올리비아는 가끔 세계 일주하는 것을 상상한다.
Olivia

5 그는 가끔 세계 일주하는 것을 상상하니?
he

6 그들은 가끔 세계 일주하는 것을 상상하니?
they

7 그녀는 가끔 세계 일주하는 것을 상상하니?
she

8 올리비아는 가끔 세계 일주하는 것을 상상하니?
Olivia

● travel around the world 세계 일주하다

Review

071-082 그림을 보고 영어로 말해 보세요.

071

072

073

074

075

076

GRAMMAR POINT 2

동명사 vs. 현재분사

❶ 동사 뒤

He liked **singing** on the stage. 〈동명사〉
그는 무대에서 노래하는 것을 좋아했다.
　　　　'…하는 것'(동사의 목적어)

He danced **singing** on the stage. 〈현재분사〉
그는 무대에서 노래하면서 춤췄다.
　　　　'…하고 있는'(진행의 의미)

❷ 명사 앞에 위치

a **sleeping** bag 〈동명사〉
잠을 자기 위한 가방=침낭
명사와 결합

a **sleeping** baby 〈현재분사〉
잠을 자고 있는 아기
명사를 꾸밈

UNIT 10
동명사 - 주어

시작 월 일 :
마침 월 일 :

☆ **Reading books** *is fun.*
책을 읽는 것은 재밌다.
= **To read books** *is fun.* (잘 쓰이지 않음)
= *It is fun* **to read books**.

☆ **Exercising** *makes us fit.*
운동을 하는 것은 우리를 건강하게 해준다.
= **To exercise** *makes us fit.* (잘 쓰이지 않음)
= *It makes us fit* **to exercise**.

동명사와 to부정사 모두 '…하는 것'의 의미를 나타내므로 주어 자리에 쓸 수 있습니다. 그런데 주어 자리가 길어지는 걸 싫어하는 경향이 있어서 to부정사를 주어로 쓰는 경우는 거의 없습니다. 대신 It을 쓰고 진짜 주어를 문장 뒷부분으로 보내서 「It is+형용사+to부정사」 또는 「It+동사+목적어+to부정사」의 어순으로 쓸 수 있습니다. 동명사는 to부정사와 달리 It 주어를 쓰지 않습니다.

Drinking *Coke* every day is a habit.
콜라를 매일 마시는 것은 습관이다.

It is a habit to drink *Coke* every day.
콜라를 매일 마시는 것은 습관이다.

우리말 뜻을 참고하여 영어로 표현하세요.

1 탄산음료를 매일 마시는 것은 습관이다.
soda

2 커피를 매일 마시는 것은 습관이다.
coffee

3 녹차를 매일 마시는 것은 습관이다.
green tea

4 핫 초콜릿을 매일 마시는 것은 습관이다.
hot chocolate

5 탄산음료를 매일 마시는 것은 습관이다.
soda

6 커피를 매일 마시는 것은 습관이다.
coffee

7 녹차를 매일 마시는 것은 습관이다.
green tea

8 핫 초콜릿을 매일 마시는 것은 습관이다.
hot chocolate

※ 영어에서는 동명사가 문장의 주어로 쓰일 때 3인칭 단수로 취급해요.

낭·독·하·기 ☐☐☐☐☐ 암·송·하·기 ○○○○○

Flying to *New York* takes a long time.
뉴욕까지 비행하는 것은 시간이 오래 걸린다.

It takes a long time to fly to *New York*.
뉴욕까지 비행하는 것은 시간이 오래 걸린다.

우리말 뜻을 참고하여 영어로 표현하세요.

① 런던까지 비행하는 것은 시간이 오래 걸린다.
London

② 파리까지 비행하는 것은 시간이 오래 걸린다.
Paris

③ 알래스카까지 비행하는 것은 시간이 오래 걸린다.
Alaska

④ 스웨덴까지 비행하는 것은 시간이 오래 걸린다.
Sweden

⑤ 런던까지 비행하는 것은 시간이 오래 걸린다.
London

⑥ 파리까지 비행하는 것은 시간이 오래 걸린다.
Paris

⑦ 알래스카까지 비행하는 것은 시간이 오래 걸린다.
Alaska

⑧ 스웨덴까지 비행하는 것은 시간이 오래 걸린다.
Sweden

● 「take+시간」 (시간이) 걸리다

Cooking *spaghetti* is fun.
스파게티를 요리하는 것은 재밌다.

It is fun to cook *spaghetti*.
스파게티를 요리하는 것은 재밌다.

우리말 뜻을 참고하여 영어로 표현하세요.

1 파스타를 요리하는 것은 재밌다.
pasta

2 피자를 만드는 것은 재밌다.
pizza

3 오믈렛을 만드는 것은 재밌다.
omelets

4 라면을 끓이는 것은 재밌다.
ramen

5 파스타를 요리하는 것은 재밌다.
pasta

6 피자를 만드는 것은 재밌다.
pizza

7 오믈렛을 만드는 것은 재밌다.
omelets

8 라면을 끓이는 것은 재밌다.
ramen

Learning *chess* is fun but hard.
체스를 배우는 것은 재밌지만 어렵다.

It is fun but hard to learn *chess*.
체스를 배우는 것은 재밌지만 어렵다.

우리말 뜻을 참고하여 영어로 표현하세요.

1 중국어를 배우는 것은 재밌지만 어렵다.
Chinese

2 한자를 배우는 것은 재밌지만 어렵다.
Chinese characters

3 물리학을 배우는 것은 재밌지만 어렵다.
physics

4 영어를 배우는 것은 재밌지만 어렵다.
English

5 중국어를 배우는 것은 재밌지만 어렵다.
Chinese

6 한자를 배우는 것은 재밌지만 어렵다.
Chinese characters

7 물리학을 배우는 것은 재밌지만 어렵다.
physics

8 영어를 배우는 것은 재밌지만 어렵다.
English

● character 글자, 부호

Eating *fruit* is good for your health.
과일을 먹는 것은 건강에 좋다.

It is good for your health to eat *fruit*.
과일을 먹는 것은 건강에 좋다.

우리말 뜻을 참고하여 영어로 표현하세요.

① 키위를 먹는 것은 건강에 좋다.
   kiwis

② 사과를 먹는 것은 건강에 좋다.
   apples

③ 토마토를 먹는 것은 건강에 좋다.
   tomatoes

④ 채소를 먹는 것은 건강에 좋다.
   vegetables

⑤ 키위를 먹는 것은 건강에 좋다.
   kiwis

⑥ 사과를 먹는 것은 건강에 좋다.
   apples

⑦ 토마토를 먹는 것은 건강에 좋다.
   tomatoes

⑧ 채소를 먹는 것은 건강에 좋다.
   vegetables

Speaking English fluently is *cool*.
영어를 유창하게 하는 것은 멋지다.

It is *cool* to speak English fluently.
영어를 유창하게 하는 것은 멋지다.

우리말 뜻을 참고하여 영어로 표현하세요.

1. 영어를 유창하게 하는 것은 대단하다.
   great

2. 영어를 유창하게 하는 것은 굉장하다.
   awesome

3. 영어를 유창하게 하는 것은 어렵다.
   hard

4. 영어를 유창하게 하는 것은 쉽지 않다.
   not easy

5. 영어를 유창하게 하는 것은 대단하다.
   great

6. 영어를 유창하게 하는 것은 굉장하다.
   awesome

7. 영어를 유창하게 하는 것은 어렵다.
   hard

8. 영어를 유창하게 하는 것은 쉽지 않다.
   not easy

● fluently 유창하게

089

낭·독·하·기 ☐☐☐☐☐ | 암·송·하·기 ○○○○○

Playing *computer games* is one of my hobbies.
컴퓨터 게임을 하는 것이 내 취미 중 하나이다.

It is one of my hobbies to play *computer games*.
컴퓨터 게임을 하는 것이 내 취미 중 하나이다.

우리말 뜻을 참고하여 영어로 표현하세요.

1 피아노를 치는 것이 내 취미 중 하나이다.
the piano

2 보드 게임을 하는 것이 내 취미 중 하나이다.
board games

3 농구를 하는 것이 내 취미 중 하나이다.
basketball

4 카드 게임을 하는 것이 내 취미 중 하나이다.
card games

5 피아노를 치는 것이 내 취미 중 하나이다.
the piano

6 보드 게임을 하는 것이 내 취미 중 하나이다.
board games

7 농구를 하는 것이 내 취미 중 하나이다.
basketball

8 카드 게임을 하는 것이 내 취미 중 하나이다.
card games

● one of … 중에 하나

Helping *others* is important.
다른 사람들을 돕는 것은 중요하다.

It is important to help *others*.
다른 사람들을 돕는 것은 중요하다.

우리말 뜻을 참고하여 영어로 표현하세요.

1. 가난한 나라들을 돕는 것은 중요하다.
   poor countries

2. 가난한 사람들을 돕는 것은 중요하다.
   the poor

3. 노숙자들을 돕는 것은 중요하다.
   the homeless

4. 부모님을 돕는 것은 중요하다.
   your parents

5. 노숙자들을 돕는 것은 중요하다.
   the homeless

6. 부모님을 돕는 것은 중요하다.
   your parents

7. 가난한 나라들을 돕는 것은 중요하다.
   poor countries

8. 가난한 사람들을 돕는 것은 중요하다.
   the poor

● others 다른 사람들 • 「the+형용사」 …한 사람들 • poor 가난한 • homeless 노숙자의

091

Reading *books* makes us knowledgeable.
책을 읽는 것은 우리를 박식하게 만든다.

It makes us knowledgeable to read *books*.
책을 읽는 것은 우리를 박식하게 만든다.

우리말 뜻을 참고하여 영어로 표현하세요.

❶ 신문을 읽는 것은 우리를 박식하게 만든다.
newspapers
_____

❷ 잡지를 읽는 것은 우리를 박식하게 만든다.
magazines
_____

❸ 소설을 읽는 것은 우리를 박식하게 만든다.
novels
_____

❹ 고전을 읽는 것은 우리를 박식하게 만든다.
classics
_____

❺ 신문을 읽는 것은 우리를 박식하게 만든다.
newspapers
_____

❻ 잡지를 읽는 것은 우리를 박식하게 만든다.
magazines
_____

❼ 소설을 읽는 것은 우리를 박식하게 만든다.
novels
_____

❽ 고전을 읽는 것은 우리를 박식하게 만든다.
classics
_____

● knowledgeable 아는 것이 많은, 많이 아는, 박식한

낭·독·하·기 ☐☐☐☐☐☐ | 암·송·하·기 ○○○○○

Watching *movies* makes me feel refreshed.
영화를 보는 것은 내 기분을 새롭게 한다.

It makes me feel refreshed to watch *movies*.
영화를 보는 것은 내 기분을 새롭게 한다.

우리말 뜻을 참고하여 영어로 표현하세요.

1 3D 영화를 보는 것은 내 기분을 새롭게 한다.
3D movies

2 만화 영화를 보는 것은 내 기분을 새롭게 한다.
animation movies

3 판타지 영화를 보는 것은 내 기분을 새롭게 한다.
fantasy movies

4 액션 영화를 보는 것은 내 기분을 새롭게 한다.
action movies

5 3D 영화를 보는 것은 내 기분을 새롭게 한다.
3D movies

6 만화 영화를 보는 것은 내 기분을 새롭게 한다.
animation movies

7 판타지 영화를 보는 것은 내 기분을 새롭게 한다.
fantasy movies

8 액션 영화를 보는 것은 내 기분을 새롭게 한다.
action movies

Review

083-092 그림을 보고 영어로 말해 보세요.

UNIT 11

동명사-전치사의 목적어

시작 월 일 :
마침 월 일 :

☆ **I ate dessert after having dinner.**
나는 저녁을 먹은 후 디저트를 먹었다.

Our team is sad about losing that game.
우리 팀은 그 게임을 진 것에 대해 안타까워한다.

전치사 뒤에는 명사나 대명사가 주로 오는데 명사처럼 쓰이는 동명사도 전치사 뒤에 쓸 수 있습니다.

Tip 주요 전치사를 알아볼까요?
- about   …에 관하여, …의 주위에
- at   …의 시점에, …중, …에
- after   … 후에
- before … 전에
- by   …에 의하여, …의 옆에, …까지는
- for   …을 위하여, … 때문에
- in   …의 안에[안으로]
- of   …의, …로[부터]
- on   …의 위에
- to   …로, …까지, …에 대하여
- with   …와 함께, …로써
- without … 없이

She knew the tips for taking the test.
그녀는 시험을 보기 위한 비법을 알았다.

She didn't know the tips for taking the test.
그녀는 시험을 보기 위한 비법을 몰랐다.

우리말 뜻을 참고하여 영어로 표현하세요.

① 그는 시험을 보기 위한 비법을 알았다.
He

② 우리는 시험을 보기 위한 비법을 알았다.
We

③ 톰은 시험을 보기 위한 비법을 알았다.
Tom

④ 그 학생들은 시험을 보기 위한 비법을 알았다.
The students

⑤ 톰은 시험을 보기 위한 비법을 몰랐다.
Tom

⑥ 그 학생들은 시험을 보기 위한 비법을 몰랐다.
The students

⑦ 그는 시험을 보기 위한 비법을 몰랐다.
He

⑧ 우리는 시험을 보기 위한 비법을 몰랐다.
We

He's excited about buying a new *smartphone*.

그는 새 스마트폰을 사는 게 신 난다.

Is he excited about buying a new *smartphone*?

그는 새 스마트폰을 사는 게 신 나니?

우리말 뜻을 참고하여 영어로 표현하세요.

① 그는 새 책상을 사는 게 신 난다.
desk

② 그는 새 배낭을 사는 게 신 난다.
backpack

③ 그는 새 노트북 컴퓨터를 사는 게 신 난다.
laptop

④ 그는 새 재킷을 사는 게 신 난다.
jacket

⑤ 그는 새 노트북 컴퓨터를 사는 게 신 나니?
laptop

⑥ 그는 새 책상을 사는 게 신 나니?
desk

⑦ 그는 새 배낭을 사는 게 신 나니?
backpack

⑧ 그는 새 재킷을 사는 게 신 나니?
jacket

095

I'm worried about *failing the test*.
나는 시험에 떨어지는 것에 대해 걱정한다.

I'm not worried about *failing the test*.
나는 시험에 떨어지는 것에 대해 걱정하지 않는다.

우리말 뜻을 참고하여 영어로 표현하세요.

1 나는 직장을 구하는 것에 대해 걱정한다.
getting a job

2 나는 친구를 사귀는 것에 대해 걱정한다.
making friends

3 나는 학교 공부를 잘하는 것에 대해 걱정한다.
doing well in school

4 나는 실수를 하는 것에 대해 걱정한다.
making a mistake

5 나는 학교 공부를 잘하는 것에 대해 걱정하지 않는다.
doing well in school

6 나는 실수를 하는 것에 대해 걱정하지 않는다.
making a mistake

7 나는 직장을 구하는 것에 대해 걱정하지 않는다.
getting a job

8 나는 친구를 사귀는 것에 대해 걱정하지 않는다.
making friends

● be worried about …에 대하여 걱정하다 ● fail 실패하다 ● do well in school 학교 공부를 잘하다

He's so worried about failing the *English* test.
그는 영어 시험에 떨어지는 것에 대해 무척 걱정한다.

Is he so worried about failing the *English* test?
그는 영어 시험에 떨어지는 것에 대해 무척 걱정하니?

우리말 뜻을 참고하여 영어로 표현하세요.

① 그는 수학 시험에 떨어지는 것에 대해 무척 걱정한다.
math

② 그는 과학 시험에 떨어지는 것에 대해 무척 걱정한다.
science

③ 그는 생물 시험에 떨어지는 것에 대해 무척 걱정한다.
biology

④ 그는 물리 시험에 떨어지는 것에 대해 무척 걱정한다.
physics

⑤ 그는 수학 시험에 떨어지는 것에 대해 무척 걱정하니?
math

⑥ 그는 과학 시험에 떨어지는 것에 대해 무척 걱정하니?
science

⑦ 그는 물리 시험에 떨어지는 것에 대해 무척 걱정하니?
physics

⑧ 그는 생물 시험에 떨어지는 것에 대해 무척 걱정하니?
biology

097

My sister is good at learning foreign languages.
우리 누나는 외국어 배우는 것을 잘한다.

My sister isn't good at learning foreign languages.
우리 누나는 외국어 배우는 것을 못한다.

우리말 뜻을 참고하여 영어로 표현하세요.

① 그녀는 외국어 배우는 것을 잘한다.
She

② 누나와 나는 외국어 배우는 것을 잘한다.
My sister and I

③ 나는 외국어 배우는 것을 잘한다.
I

④ 앨리스는 외국어 배우는 것을 잘한다.
Alice

⑤ 누나와 나는 외국어 배우는 것을 못한다.
My sister and I

⑥ 나는 외국어 배우는 것을 못한다.
I

⑦ 그녀는 외국어 배우는 것을 못한다.
She

⑧ 앨리스는 외국어 배우는 것을 못한다.
Alice

● foreign language 외국어 • be good at …을 잘하다

He is bad at remembering a person's name.
그는 사람 이름을 잘 기억하지 못한다.

Is he bad at remembering a person's name?
그는 사람 이름을 잘 기억하지 못하니?

우리말 뜻을 참고하여 영어로 표현하세요.

① 그의 선생님은 사람 이름을 잘 기억하지 못한다.
His teacher

② 그녀의 상사는 사람 이름을 잘 기억하지 못한다.
Her boss

③ 톰의 부모님은 사람 이름을 잘 기억하지 못한다.
Tom's parents

④ 올리비아는 사람 이름을 잘 기억하지 못한다.
Olivia

⑤ 톰의 부모님은 사람 이름을 잘 기억하지 못하니?
Tom's parents

⑥ 올리비아는 사람 이름을 잘 기억하지 못하니?
Olivia

⑦ 그의 선생님은 사람 이름을 잘 기억하지 못하니?
his teacher

⑧ 그녀의 상사는 사람 이름을 잘 기억하지 못하니?
her boss

❋ be bad at …을 못하다

She wears sunscreen before going out.
그녀는 외출하기 전에 자외선 차단제를 바른다.

She doesn't wear sunscreen before going out.
그녀는 외출하기 전에 자외선 차단제를 바르지 않는다.

우리말 뜻을 참고하여 영어로 표현하세요.

일치

① 그는 외출하기 전에 자외선 차단제를 바른다.
He _____

② 나는 외출하기 전에 자외선 차단제를 바른다.
I _____

③ 우리는 외출하기 전에 자외선 차단제를 바른다.
We _____

④ 우리 언니는 외출하기 전에 자외선 차단제를 바른다.
My sister _____

⑤ 나는 외출하기 전에 자외선 차단제를 바르지 않는다.
I _____

⑥ 우리는 외출하기 전에 자외선 차단제를 바르지 않는다.
We _____

⑦ 그는 외출하기 전에 자외선 차단제를 바르지 않는다.
He _____

⑧ 우리 언니는 외출하기 전에 자외선 차단제를 바르지 않는다.
My sister _____

🔴 「wear+화장품」 화장품을 바르다 • go out 나가다, 외출하다

낭·독·하·기 ☐☐☐☐☐ 암·송·하·기 ○○○○○

He has been interested in learning new things.
그는 새로운 것들을 배우는 데 관심이 있었다.

He hasn't been interested in learning new things.
그는 새로운 것들을 배우는 데 관심이 없었다.

우리말 뜻을 참고하여 영어로 표현하세요.

1 그들은 새로운 것들을 배우는 데 관심이 있었다.
They

2 앨리스는 새로운 것들을 배우는 데 관심이 있었다.
Alice

3 나는 새로운 것들을 배우는 데 관심이 있었다.
I

4 그 아이들은 새로운 것들을 배우는 데 관심이 있었다.
The children

일치

5 그 아이들은 새로운 것들을 배우는 데 관심이 없었다.
The children

부정

6 그들은 새로운 것들을 배우는 데 관심이 없었다.
They

7 앨리스는 새로운 것들을 배우는 데 관심이 없었다.
Alice

8 나는 새로운 것들을 배우는 데 관심이 없었다.
I

● be interested in …에 관심이 있다

101

He was tired of doing the same thing.
그는 똑같은 일을 하는 게 지겨웠다.

Was he tired of doing the same thing?
그는 똑같은 일을 하는 게 지겨웠니?

우리말 뜻을 참고하여 영어로 표현하세요.

① 그녀는 똑같은 일을 하는 게 지겨웠다.
She _____

② 그들은 똑같은 일을 하는 게 지겨웠다.
They _____

③ 톰은 똑같은 일을 하는 게 지겨웠다.
Tom _____

④ 그 학생들은 똑같은 일을 하는 게 지겨웠다.
The students _____

⑤ 톰은 똑같은 일을 하는 게 지겨웠니?
Tom _____

⑥ 그녀는 똑같은 일을 하는 게 지겨웠니?
she _____

⑦ 그들은 똑같은 일을 하는 게 지겨웠니?
they _____

⑧ 그 학생들은 똑같은 일을 하는 게 지겨웠니?
the students _____

● be tired of …하는 게 지겹다 ● do the same thing 같은 일을 하다

I'm very tired of doing the same thing *every day*.
나는 매일 똑같은 일을 하는 게 아주 지겹다.

I'm not very tired of doing the same thing *every day*.
나는 매일 똑같은 일을 하는 게 아주 지겹지는 않다.

우리말 뜻을 참고하여 영어로 표현하세요.

① 나는 매주 똑같은 일을 하는 게 아주 지겹다.
every week

② 나는 매달 똑같은 일을 하는 게 아주 지겹다.
every month

③ 나는 매일 아침 똑같은 일을 하는 게 아주 지겹다.
every morning

④ 나는 늘 똑같은 일을 하는 게 아주 지겹다.
all the time

⑤ 나는 매주 똑같은 일을 하는 게 아주 지겹지는 않다.
every week

⑥ 나는 늘 똑같은 일을 하는 게 아주 지겹지는 않다.
all the time

⑦ 나는 매달 똑같은 일을 하는 게 아주 지겹지는 않다.
every month

⑧ 나는 매일 아침 똑같은 일을 하는 게 아주 지겹지는 않다.
every morning

● all the time (= always) 늘

103

He apologized for being *late*.
그는 늦은 것에 대해 사과했다.

He didn't apologize for being *late*.
그는 늦은 것에 대해 사과하지 않았다.

우리말 뜻을 참고하여 영어로 표현하세요.

① 그는 참석하지 않은 것에 대해 사과했다.
absent
_____

② 그는 화를 낸 것에 대해 사과했다.
angry
_____

③ 그는 무례하게 군 것에 대해 사과했다.
rude
_____

④ 그는 시끄럽게 한 것에 대해 사과했다.
loud
_____

⑤ 그는 화를 낸 것에 대해 사과하지 않았다.
angry
_____

⑥ 그는 무례하게 군 것에 대해 사과하지 않았다.
rude
_____

⑦ 그는 참석하지 않은 것에 대해 사과하지 않았다.
absent
_____

⑧ 그는 시끄럽게 한 것에 대해 사과하지 않았다.
loud
_____

● **apologize for** …에 대해 사과하다

She got a perfect score by working hard.
그녀는 열심히 공부해서 만점을 받았다.

Did she get a perfect score by working hard?
그녀는 열심히 공부해서 만점을 받았니?

우리말 뜻을 참고하여 영어로 표현하세요.

1 그는 열심히 공부해서 만점을 받았다.
He _____

2 그들은 열심히 공부해서 만점을 받았다.
They _____

3 많은 학생들은 열심히 공부해서 만점을 받았다.
Many students _____

4 잭은 열심히 공부해서 만점을 받았다.
Jack _____

5 많은 학생들은 열심히 공부해서 만점을 받았니?
many students _____

6 그는 열심히 공부해서 만점을 받았니?
he _____

7 그들은 열심히 공부해서 만점을 받았니?
they _____

8 잭은 열심히 공부해서 만점을 받았니?
Jack _____

● perfect score 만점

She has always dreamed of becoming *a singer*.
그녀는 늘 가수가 되는 것을 꿈꿨다.

Has she always dreamed of becoming *a singer*?
그녀는 늘 가수가 되는 것을 꿈꿨니?

우리말 뜻을 참고하여 영어로 표현하세요.

① 그녀는 늘 배우가 되는 것을 꿈꿨다.
an actor

② 그녀는 늘 시인이 되는 것을 꿈꿨다.
a poet

③ 그녀는 늘 선생님이 되는 것을 꿈꿨다.
a teacher

④ 그녀는 늘 바이올린 연주자가 되는 것을 꿈꿨다.
a violinist

⑤ 그녀는 늘 선생님이 되는 것을 꿈꿨니?
a teacher

⑥ 그녀는 늘 바이올린 연주자가 되는 것을 꿈꿨니?
a violinist

⑦ 그녀는 늘 배우가 되는 것을 꿈꿨니?
an actor

⑧ 그녀는 늘 시인이 되는 것을 꿈꿨니?
a poet

● dream of …을 꿈꾸다

She *advises* me about choosing clothes.
그녀는 나에게 옷 고르는 것에 대해 충고한다.

She *doesn't advise* me about choosing clothes.
그녀는 나에게 옷 고르는 것에 대해 충고하지 않는다.

우리말 뜻을 참고하여 영어로 표현하세요.

① 그녀는 나에게 옷 고르는 것에 대해 충고했다.
과거

② 그녀는 나에게 옷 고르는 것에 대해 충고했다.
현재완료

③ 그녀는 나에게 옷 고르는 것에 대해 충고하고 있었다.
현재완료진행

④ 그녀는 나에게 옷 고르는 것에 대해 충고할 것이다.
미래 (will)

⑤ 그녀는 나에게 옷 고르는 것에 대해 충고하지 않을 것이다.
미래 (will)

⑥ 그녀는 나에게 옷 고르는 것에 대해 충고하지 않았다.
과거

⑦ 그녀는 나에게 옷 고르는 것에 대해 충고하지 않았다.
현재완료

⑧ 그녀는 나에게 옷 고르는 것에 대해 충고하고 있지 않았다.
현재완료진행

Review

093-106 그림을 보고 영어로 말해 보세요.

GRAMMAR POINT 3

수동태의 시제

❶ 현재시제　　am/are/is+과거분사　　　　　Fruit **is sold** here.
　　　　　　　　　　　　　　　　　　　　　　　과일은 여기서 팔린다.

❷ 과거시제　　was/were+과거분사　　　　　Fruit **was sold** yesterday.
　　　　　　　　　　　　　　　　　　　　　　　과일은 어제 팔렸다.

❸ 미래시제　　will be+과거분사　　　　　　Fruit **will be sold**.
　　　　　　　　　　　　　　　　　　　　　　　과일은 팔릴 것이다.

❹ 완료시제　　have been+과거분사　　　　　Fruit **has been sold**. 〈현재완료〉
　　　　　　　　has(주어가 3인칭 단수이고 현재완료일 때)　과일은 팔렸다.
　　　　　　　　had(과거완료일 때)

❺ 진행시제　　be동사+being+과거분사　　　Fruit **is being sold**. 〈현재진행〉
　　　　　　　　　　　　　　　　　　　　　　　과일은 팔리고 있다.
　　　　　　　　　　　　　　　　　　　　　　　Fruit **was being sold**. 〈과거진행〉
　　　　　　　　　　　　　　　　　　　　　　　과일은 팔리고 있었다.

UNIT 12 수동태

시작   월   일   :
마침   월   일   :

☆ They **speak** English in New Zealand. (능동태)
뉴질랜드에서는 사람들이 영어로 말한다.

→ English **is spoken** (by them) in New Zealand. (수동태)
뉴질랜드에서는 영어가 (사람들에 의해) 말해진다.

주어가 스스로 행동하는 걸 나타내는 서술어 상태를 능동태라고 하고, 주어가 동작을 당하는 걸 나타내는 서술어 상태를 수동태라고 합니다.
수동태는 주로 동작의 주체를 모를 때나 굳이 밝힐 필요가 없을 때, 그리고 동작을 당하는 대상을 강조할 때 쓰입니다. 「be동사+과거분사(+by 행위자)」의 어순으로 쓰고 be동사가 수동태의 시간을 나타냅니다.

Tip 수동태는 실제로 많이 쓰나요?
실제로 원어민들이 말하는 것을 보면 수동태 문장을 그리 자주 사용하진 않아요. 수동태 문장이 원어민들에게는 능동태 문장보다 딱딱하게 들리기 때문이죠. 그래서 수동태 문장들은 책이나 글에서 자주 보게 될 거예요.

107

낭·독·하·기 ☐☐☐☐☐ 암·송·하·기 ○○○○○

Jack *is watering* the flowers.
잭은 꽃들에게 물을 주고 있다.

The flowers are being watered by Jack.
꽃들이 잭에 의해 물 주어지고 있다.

우리말 뜻을 참고하여 영어로 표현하세요.

시간

① 잭은 꽃들에게 물을 준다.
현재
_____

② 잭은 꽃들에게 물을 주었다.
과거
_____

③ 잭은 꽃들에게 물을 주고 있었다.
과거진행
_____

④ 잭은 꽃들에게 물을 줄 것이다.
미래 (be going to)
_____

일치

⑤ 식물들이 잭에 의해 물 주어지고 있다.
The plants _____

⑥ 잔디는 잭에 의해 물 주어지고 있다.
The grass _____

⑦ 난초들이 잭에 의해 물 주어지고 있다.
The orchids _____

⑧ 나무들이 잭에 의해 물 주어지고 있다.
The trees _____

🔸 water 물을 주다 - watered - watered • 「be+동사-ing」(능동태) → 「be동사+being+과거분사」(수동태) • 여기서 쓰인 한글 수동태는 영어 학습을 위한 것으로 어색할 수 있어요.

They built the temple *in 2005*.
그들은 그 절을 2005년에 지었다.

The temple was built in 2005.
그 절은 2005년에 지어졌다.

우리말 뜻을 참고하여 영어로 표현하세요.

1 그들은 그 절을 올해 지었다.
  this year

2 그들은 그 절을 작년에 지었다.
  last year

3 그들은 그 절을 8년 전에 지었다.
  8 years ago

4 그들은 그 절을 오래 전에 지었다.
  a long time ago

5 그 아파트는 2005년에 지어졌다.
  The apartment

6 그 빌딩은 2005년에 지어졌다.
  The building

7 그 집은 2005년에 지어졌다.
  The house

8 이 교회는 2005년에 지어졌다.
  This church

● build 짓다 – built – built ● 「by+행위자」는 생략되기도 해요. ● 과거형(능동태) → 「be동사 과거형+과거분사」(수동태)

They speak *Portuguese*.
그들이 포르투갈 어로 말한다.

Portuguese is spoken by them.
포르투갈 어는 그들에 의해 말해진다.

우리말 뜻을 참고하여 영어로 표현하세요.

① 그들이 영어로 말한다.
English

② 그들이 스페인 어로 말한다.
Spanish

③ 그들이 불어로 말한다.
French

④ 그들이 영어와 불어로 말한다.
English and French

⑤ 불어는 그들에 의해 말해진다.
French

⑥ 영어와 불어는 그들에 의해 말해진다.
English and French

⑦ 영어는 그들에 의해 말해진다.
English

⑧ 스페인 어는 그들에 의해 말해진다.
Spanish

● speak 말하다 - spoke - spoken ● 현재형(능동태) → 「be동사 현재형+과거분사」(수동태)

He *ate* two hamburgers.
그는 햄버거 두 개를 먹었다.

Two hamburgers were eaten by him.
햄버거 두 개가 그에게 먹혔다.

우리말 뜻을 참고하여 영어로 표현하세요.

① 그는 햄버거 두 개를 먹는다.
현재

② 그는 햄버거 두 개를 먹고 있다.
현재진행

③ 그는 햄버거 두 개를 먹었다.
현재완료

④ 그는 햄버거 두 개를 먹을 것이다.
미래 (will)

⑤ 오렌지 몇 개가 그에게 먹혔다.
Some oranges

⑥ 샌드위치 한 개가 그에게 먹혔다.
A sandwich

⑦ 새우 다섯 마리가 그에게 먹혔다.
Five shrimp

⑧ 핫도그 두 개가 그에게 먹혔다.
Two hotdogs

● eat 먹다 - ate - eaten ● shrimp는 단·복수 형태가 같아요.

My uncle *is going to fix* the printer.
우리 삼촌이 프린터를 고칠 것이다.

The printer *is going to be fixed* by my uncle.
프린터는 우리 삼촌에 의해 고쳐질 것이다.

우리말 뜻을 참고하여 영어로 표현하세요.

① 우리 삼촌이 프린터를 고치고 있다.
   현재진행

② 우리 삼촌이 프린터를 고쳤다.
   과거

③ 우리 삼촌이 프린터를 고치고 있었다.
   과거진행

④ 우리 삼촌이 프린터를 고쳤다.
   현재완료

⑤ 프린터는 우리 삼촌에 의해 고쳐지고 있다.
   현재진행

⑥ 프린터는 우리 삼촌에 의해 고쳐졌다.
   과거

⑦ 프린터는 우리 삼촌에 의해 고쳐지고 있었다.
   과거진행

⑧ 프린터는 우리 삼촌에 의해 고쳐졌다.
   현재완료

● fix 고치다 - fixed - fixed

John will drive *her* to school.
존이 그녀를 학교까지 태워줄 것이다.

She will be driven to school by John.
그녀는 존에 의해 학교까지 태워질 것이다.

우리말 뜻을 참고하여 영어로 표현하세요.

① 존이 나를 학교까지 태워줄 것이다.
me

② 존이 그들을 학교까지 태워줄 것이다.
them

③ 존이 톰을 학교까지 태워줄 것이다.
Tom

④ 존이 그를 학교까지 태워줄 것이다.
him

⑤ 나는 존에 의해 학교까지 태워질 것이다.
I

⑥ 그들은 존에 의해 학교까지 태워질 것이다.
They

⑦ 톰은 존에 의해 학교까지 태워질 것이다.
Tom

⑧ 그는 존에 의해 학교까지 태워질 것이다.
He

🔴 drive 태워주다 - drove - driven • 「will+동사원형」(능동태 미래) → 「will be+과거분사」(수동태 미래)

He *throws* away the empty can.
그는 빈 깡통을 버린다.

The empty can *is thrown* away by him.
빈 깡통이 그에 의해 버려진다.

우리말 뜻을 참고하여 영어로 표현하세요.

① 그는 빈 깡통을 버리고 있다.
현재진행

② 그는 빈 깡통을 버렸다.
과거

③ 그는 빈 깡통을 버렸다.
현재완료

④ 그는 빈 깡통을 버릴 것이다.
미래 (be going to)

⑤ 빈 깡통이 그에 의해 버려지고 있다.
현재진행

⑥ 빈 깡통이 그에 의해 버려졌다.
과거

⑦ 빈 깡통이 그에 의해 버려졌다.
현재완료

⑧ 빈 깡통이 그에 의해 버려질 것이다.
미래 (be going to)

● throw 던지다 - threw - thrown ● throw away (쓰레기 등을) 버리다

낭·독·하·기 ☐☐☐☐☐ 암·송·하·기 ○○○○○

A dog bit *the child*.
개가 그 아이를 물었다.

The child was bitten by a dog.
그 아이가 개에 물렸다.

우리말 뜻을 참고하여 영어로 표현하세요.

❶ 개가 내 남동생을 물었다.
　my little brother

❷ 개가 톰을 물었다.
　Tom

❸ 개가 내 남동생과 나를 물었다.
　my brother and me

❹ 개가 그를 물었다.
　him

❺ 내 남동생이 개에 물렸다.
　My little brother

❻ 내 남동생과 나는 개에 물렸다.
　My brother and I

❼ 톰이 개에 물렸다.
　Tom

❽ 내가 개에 물렸다.
　I

● bite 물다 – bit – bitten

115

She *uses* the microscope to study cells.
그녀는 세포를 연구하기 위해 현미경을 사용한다.

The microscope *is used* by her to study cells.
현미경은 세포를 연구하기 위해 그녀에 의해 사용된다.

우리말 뜻을 참고하여 영어로 표현하세요.

① 그녀는 세포를 연구하기 위해 현미경을 사용하고 있다.
　현재진행

② 그녀는 세포를 연구하기 위해 현미경을 사용했다.
　과거

③ 그녀는 세포를 연구하기 위해 현미경을 사용했다.
　현재완료

④ 그녀는 세포를 연구하기 위해 현미경을 사용할 것이다.
　미래 (be going to)

⑤ 현미경은 세포를 연구하기 위해 그녀에 의해 사용되고 있다.
　현재진행

⑥ 현미경은 세포를 연구하기 위해 그녀에 의해 사용됐다.
　과거

⑦ 현미경은 세포를 연구하기 위해 그녀에 의해 사용됐다.
　현재완료

⑧ 현미경은 세포를 연구하기 위해 그녀에 의해 사용될 것이다.
　미래 (be going to)

● use 사용하다 - used - used

낭·독·하·기 ☐☐☐☐☐ 암·송·하·기 ○○○○○

***The steam engine* changed the world.**
증기 기관이 세상을 바꿨다.

The world was changed by *the steam engine*.
세상이 증기 기관에 의해 바뀌었다.

우리말 뜻을 참고하여 영어로 표현하세요.

❶ 자동차가 세상을 바꿨다.
The automobile

❷ 전구가 세상을 바꿨다.
The light bulb

❸ 컴퓨터가 세상을 바꿨다.
Computers

❹ 인터넷이 세상을 바꿨다.
The Internet

❺ 세상이 자동차에 의해 바뀌었다.
the automobile

❻ 세상이 전구에 의해 바뀌었다.
the light bulb

❼ 세상이 컴퓨터에 의해 바뀌었다.
computers

❽ 세상이 인터넷에 의해 바뀌었다.
the Internet

🌸 change 바꾸다 - changed - changed

My sister bakes *the cake*.
우리 누나가 케이크를 굽는다.

The cake is baked by my sister.
케이크가 우리 누나에 의해 구워진다.

우리말 뜻을 참고하여 영어로 표현하세요.

① 우리 누나가 쿠키들을 굽는다.
the cookies

② 우리 누나가 컵케이크들을 굽는다.
the cupcakes

③ 우리 누나가 빵을 굽는다.
the bread

④ 우리 누나가 감자들을 굽는다.
the potatoes

⑤ 빵이 우리 누나에 의해 구워진다.
The bread

⑥ 쿠키들이 우리 누나에 의해 구워진다.
The cookies

⑦ 컵케이크들이 우리 누나에 의해 구워진다.
The cupcakes

⑧ 감자들이 우리 누나에 의해 구워진다.
The potatoes

● bake 굽다 – baked – baked

My sister *bakes* the cake in the oven.
우리 누나가 케이크를 오븐에 굽는다.

The cake *is baked* in the oven by my sister.
케이크가 우리 누나에 의해 오븐에 구워진다.

우리말 뜻을 참고하여 영어로 표현하세요.

① 우리 누나가 케이크를 오븐에 굽고 있다.
현재진행

② 우리 누나가 케이크를 오븐에 구웠다.
과거

③ 우리 누나가 케이크를 오븐에 구웠다.
현재완료

④ 우리 누나가 케이크를 오븐에 구울 것이다.
미래 (will)

⑤ 케이크가 우리 누나에 의해 오븐에 구워지고 있다.
현재진행

⑥ 케이크가 우리 누나에 의해 오븐에 구워졌다.
과거

⑦ 케이크가 우리 누나에 의해 오븐에 구워졌다.
현재완료

⑧ 케이크가 우리 누나에 의해 오븐에 구워질 것이다.
미래 (will)

119

She is sweeping the floor.
그녀는 바닥을 쓸고 있다.

The floor is being swept by her.
바닥이 그녀에 의해 쓸리고 있다.

우리말 뜻을 참고하여 영어로 표현하세요.

1 여자아이가 바닥을 쓸고 있다.
The girl

2 우리가 바닥을 쓸고 있다.
We

3 우리 어머니가 바닥을 쓸고 있다.
My mother

4 엠마가 바닥을 쓸고 있다.
Emma

5 바닥이 여자아이에 의해 쓸리고 있다.
the girl

6 바닥이 우리에 의해 쓸리고 있다.
us

7 바닥이 우리 어머니에 의해 쓸리고 있다.
my mother

8 바닥이 엠마에 의해 쓸리고 있다.
Emma

● sweep 바닥을 쓸다 - swept - swept

She *has posted* a picture on Facebook.
그녀가 페이스북에 사진 하나를 올렸다.

A picture *has been posted* on Facebook by her.
사진 하나가 그녀에 의해 페이스북에 올려졌다.

우리말 뜻을 참고하여 영어로 표현하세요.

① 그녀가 사진 하나를 페이스북에 올리고 있다.
　현재진행

② 그녀가 사진 하나를 페이스북에 올린다.
　현재

③ 그녀가 사진 하나를 페이스북에 올릴 것이다.
　미래 (will)

④ 그녀가 사진 하나를 페이스북에 올리고 있었다.
　과거진행

⑤ 사진 하나가 그녀에 의해 페이스북에 올려지고 있다.
　현재진행

⑥ 사진 하나가 그녀에 의해 페이스북에 올려진다.
　현재

⑦ 사진 하나가 그녀에 의해 페이스북에 올려질 것이다.
　미래 (will)

⑧ 사진 하나가 그녀에 의해 페이스북에 올려지고 있었다.
　과거진행

● post (웹에) 올리다 - posted - posted

Review

107-120 그림을 보고 영어로 말해 보세요.

116
117
118
119
120